Tal vez viajar

Agenda de jardines, oasis, horizontes

COLECCIÓN DE ENSAYO

La Huerta Grande

Ricardo Martínez Llorca

Tal vez viajar

Agenda de jardines, oasis, horizontes

La Huerta Grande
2024

Madrid, enero 2025

EDITA: La Huerta Grande Editorial

Serrano, 6. 28001 Madrid

www.lahuertagrande.com

ISBN: 978-84-18657-66-5

D. L.: M-26063-2024

Diseño cubierta: Editorial La Huerta Grande según idea original de Tresbien Comunicación

Imprime: Gracel Asociados, C. Valgrande, 15. 28108 Alcobendas, Madrid

Impreso en España/*Printed in Spain*

ÍNDICE

Tal vez viajar

Siempre serás un *musungu* 11
Prólogo fuera de ruta 21
Ideas recibidas 27
Lo sagrado y lo profano 41
Lo legítimo es soñar 51
Ser lo que otros han sido 59
La aventura 65
Neocolonizar 81
Las redes, maldita sea 97
Volar por dinero 113
Espacio partido por tiempo 119
Colapso 127

Desvanecimiento 139

Desterrarse: la violencia de cambiar 151

Sobre la autoestima 169

La emoción que mueve el mundo 177

Un concepto impreciso, un sentimiento claro 187

El papel, los papeles 197

El nómada y el compromiso 207

Cosas pequeñas, grandes recompensas 217

Un lugar en el mundo 225

Caminares 231

Encrucijada y mestizaje 237

Fin 243

Bibliografía 253

«El soñador no es superior al hombre activo porque el sueño sea superior a la realidad. La superioridad del soñador consiste en que soñar es mucho más práctico que vivir, y en que el soñador extrae de la vida un placer mucho mayor y mucho más variado que el hombre de acción. En mejores y más directos términos, el soñador es el verdadero hombre de acción»

Libro del desasosiego, FERNANDO PESSOA

«He rezado por mi niñez, y ha vuelto a mí, y siento que sigue siendo tan pesada como antes, y que no ha servido de nada hacerme mayor».

Los apuntes de Malte Laurids Brigge, RAINER M. RILKE

«Y es que el bosque nos arrebata cualquier pretexto que tengamos para morir».

En defensa de los ociosos, ROBERT L. STEVENSON

SIEMPRE SERÁS UN *MUSUNGU*

Pasarse la vida soñando y encontrarse con que las constelaciones pueden ser tan maravillosas como las huellas que dejan los pájaros en el barro. Viajar hasta las constelaciones o quedarse a observar cómo los gorriones picotean en el césped mal cuidado del parque, junto a tu casa, mientras sacas a pasear al perro después de la lluvia. En cualquiera de los dos casos, sentir como se sentía mi amigo en Zambia, que a pesar de haber vivido allí, en el territorio del que estaba enamorado, durante más de dos décadas, seguía lamentándose: «Siempre serás un *musungu*».

Un *musungu,* un hombre blanco, un tipo al que quienes nacieron allí consideran ajeno al lugar que tanto está queriendo, al paisaje que desea que lo construya, a la gente con la que se reconoce, a sus hábitos y a sus afectos. Recuerdo ahora la frase de Hugo de San Víctor que suelo citar de memoria y en traducción libre: «Quien encuentra que su patria es dulce todavía es blando; ya es fuerte quien se siente en cualquier país como en su casa, pero solo alcanza la plenitud aquel para quien el mundo entero es tierra extranjera». Unas pocas palabras más adelante, Hugo de San Víctor concluye: «El filósofo, en rigor, en todo el mundo es un desterrado».

Uno puede sentirse desterrado en el corazón de África o en los jardines públicos de la ciudad donde nació. Para evitar ser un *musungu,* intentamos adoptar los usos locales, aunque es posible que lo único que estemos haciendo, a la hora de la verdad, sea evitar ser devorados, o al menos intentarlo. No podemos impedir preguntarnos, entonces, qué satisfacción es esta que sentimos mientras tratamos de que no se nos devore mientras nos figuramos que estamos en tierra extranjera, buscando torpemente una plenitud que ignoramos en qué consiste, dejando que la materia de la que estamos hechos pasee por un trozo de mundo.

Todo destino se nos hace rudo, y en buena medida es esa rudeza la que queremos dominar cuando salimos de viaje. Aquí, en nuestro lugar de origen, donde vivimos casi todos los días, nos puede lo cotidiano, pues no tenemos armas ni munición contra la realidad. Allí, en el extranjero, nos podremos inventar y convertirnos en una auténtica fortaleza.

Pero la madurez, la misma a la que apelaba Hugo de San Víctor, empieza a alcanzarse cuando uno descubre que, dondequiera que uno se encuentre, nadie vendrá a abrigarlo y alimentarlo. No nos referimos únicamente a conseguir ropa y algo para comer, nos referimos a que viajar es incómodo. Puede ser maravilloso, pero es incómodo.

Uno de los temas centrales de vivir es la dificultad de encontrar nuestro sitio en la tierra, un aprieto al que cabe añadir, durante el viaje, la dificultad de hacernos entender de forma explícita, que es lo contrario de lo que suponemos que existe en la vida doméstica o en el trabajo, cuando la apariencia de conseguir que nos entiendan está presente y, de hecho, acostumbra a ser las paredes del callejón contra las que nos estrellamos constantemente intentando salir del lugar en el que nos figuramos encerrados. Tal vez por eso agrade el viaje, porque saca a flor de diálogo el eje de nuestro malestar común: la casi imposibilidad de hallar nuestro lugar en el mundo, la conciencia de sentirnos siempre, como mi amigo, un *musungu* en Zambia.

Mi amigo se alistó de niño en una orden religiosa porque tenía claro que para él ser un hombre libre significaba vivir en África. Y sabía que esa ruta, la que pasaba por la Iglesia católica, era la más corta hacia su jardín del edén. Aunque bien pudiera leerse una paradoja en su decisión, porque se puede interpretar que la jerarquía de la Iglesia como institución pretende manipular la conciencia y la libertad, al tiempo que su ideología sostiene que el ideal consiste en la conciencia liberada.

Este amigo fue mi profesor cuando yo tenía trece años, me suspendió, me mandó a la recuperación de septiembre y me escribió una carta desde Zambia, a los pocos meses de empezar el nuevo curso, durante mi primera etapa en octavo de EGB. Saludó así a todos los que fuimos sus alumnos y yo respondí. Desde entonces no hemos perdido el contacto.

Viajé a Zambia con menos de treinta años, para visitarlo, y ahora, al revisar el itinerario en mi memoria, me doy cuenta de que allí se fraguó ese debate que mantengo con mi espíritu y mis escrúpulos, acerca de qué idea de planeta debo sostener, o cuál es la idea de planeta que me sostiene a mí: por un lado es un hogar, una morada con sus terrazas, sus jardines, sus simpatías, su calor y su belleza; y por el otro es un territorio muy austero, con sus oasis, un lugar al que hemos venido a exiliarnos, porque es imposible encontrar nuestro sitio, y en el que apenas estamos de paso, lo que nos lleva con demasiada frecuencia al temor y al lamento, a reconocer que el miedo y la tristeza son hermanos gemelos.

Puede que no exista vida después de la muerte, pero tal vez sí existan otras vidas mientras estamos despiertos. Esa es la duda que nos interesa. Ojalá nadie encuentre la respuesta, porque buscar y caminar es necesario. *Navigare necesse est, vivere non necesse.* Dice Plutarco que Pompeyo espetó esta *boutade* a los marineros que no querían embarcarse por miedo al mar: navegar es necesario, vivir no lo es. Queremos encontrar esa otra vida cuando salimos lejos, a ser posible a lugares que antes solo conocíamos a través de los documentales y las fotografías.

En la película *Doctor Zhivago,* cuando el protagonista se encuentra más taciturno, cuando todas las melancolías le duelen, siempre levanta un poco los ojos y encuentra algo bello en lo que depositar sus emociones para así sentir un poco de descanso. A lo largo de la película seguimos al doctor Zhivago, que siempre se aleja, y lo hace sin rencor, y a medida que se aleja le van llegando las decepciones y en esos momentos le resulta sorprendentemente fácil encontrar la belleza, como puede resultarnos fácil encontrar gente digna, decente, noble, si somos *musungus* en Zambia. Es entonces cuando queremos averiguar cómo es posible que estos habitantes de todas las Zambias se entreguen con tanta naturalidad al proyecto de ser dignos, de mantenerse dignos, y para ello el *musungu* trata de ejecutar algo tan inverosímil como es no sentirse intruso.

Es aquí, en ese ahora, en ese encuentro con aquellos a los que las convenciones nos llevan a calificar como desfavorecidos, cuando brota un espíritu de temperatura más o menos humanista, y con él llegan todas las dudas: ¿cómo es posible ser a la vez un humanista y limitarse a ser espectador? ¿Espectador de qué?, ¿de la pobreza? La solución debería resolverse como se resuelven todos los problemas: con cortesía, con cariño. Lo que puede rescatarnos del malestar ocasionado por esa ansia de viajar a países en desarrollo, que es donde tendemos a reconocernos mejor como viajeros, es el respeto, que será el cemento con el que adaptarnos a cada paso. Si pisamos tierra firme, nos conviene intentar elegir el respeto en cada gesto, no en abstracto, no en términos de sabiduría, porque la sabiduría en estos contextos es un limbo. Lo más parecido a la sabiduría que soy capaz de concebir es aprender a separar el trigo de la paja y a dejar que las pequeñas cosas se las lleve el viento.

El *musungu* ha viajado para encontrar amistades de paso. Casi seguro que no sabe qué es lo que salió a buscar, pero se fue buscando algo de lo que carece. De lo que está convencido es de que pretendía encontrar la antítesis del sitio donde suele habitar, donde pasa la mayor parte de sus días y sus noches, y que suele tener la consistencia del suelo urbano. Ese es otro de los absurdos del viaje: una vez cumplidos los trámites con monumentos y museos, quien parte desde el mundo más desarrollado entiende que el verdadero viaje es a lugares más pobres, o tal vez a Manhattan, que es el paradigma de su civilización, la gran neurosis, el disparate. En cualquiera de los dos casos, lo que llama la atención es lo diferente. Nos encanta asistir a los cuadros de lo marginal y nos encantaría pegar la hebra con los dueños del lenguaje marginal y hasta nos encantaría soñar sus mismos sueños para así entenderlos mejor, para así culminar el viaje llegando a donde realmente están ellos. Pero nos conformamos con querer soñar esos sueños.

A la hora de la verdad, hemos hecho poco más que fotografiar sus tradiciones y elaborar alguna pequeña censura desde nuestros prejuicios. Intentamos sentirnos más cerca del documentalista que del antropólogo, y así nos damos a nosotros mismos el beneplácito para la invasión que estamos protagonizando, a pesar de la percepción inevitable de haber sido intrusos y como tal estar modificando aquello que deberíamos conservar. Será complicado evaporar del todo la mirada neocolonial mientras ponderamos que ellos viven esas tradiciones con honradez y entereza, una idea que pertenece también al mundo de nuestros deseos. Somos capaces de aventurarnos en lugares remotos donde los pigmeos aspiran a seguir siendo pigmeos para atraer el dinero de los turistas, y aun así considerar que estamos viajando.

Lo odiamos con toda el alma, pero nos sentimos tentados a incluir el adjetivo «pintoresco» en todos estos razonamientos: viajamos buscando lo pintoresco, la atracción de lo típico, que nos resulte, además, extravagante. Viajamos detrás de una cámara de fotos, ansiosos por conocer lo étnico y arriesgándonos a no respetarlo.

Según nuestros parámetros, podemos considerar pobres a los pigmeos, podemos considerar pobre un lugar y hasta un país entero y luego nos movemos por él sabiendo que su gente necesita dólares, pero se nos olvida que no quieren caridad ni piedad, ni tampoco aversión.

«Navegar es necesario» es una afirmación que nos habla acerca de la necesidad del movimiento. Pero el movimiento necesario es el movimiento libre, que debería ser la forma de moverse de quien viaja. No es tan sencillo definir la libertad, pero me atrevo a sostener que sentimos arder un fuego blanco dentro del pecho cuando tenemos la impresión de estar siendo libres, cuando alcanzamos los mejores momentos. A la hora de la verdad, la mayoría de nuestros actos son simples reacciones mecánicas.

La necesidad de movimiento libre es la de romper los automatismos, y eso nos lleva, si es necesario, a facilitar algo semejante a la agonía: atraídos por esa combinación de acción y emociones que solo se da en los seres humanos y que resulta de la suma de la derrota y la dignidad, como la que encontramos en los pigmeos aspirando a seguir siendo pigmeos gracias al dinero del turismo, entramos en un mundo que agoniza a manos del turismo, que se añade así a otros motivos que empujan a su desaparición, como la guerra, las devastaciones naturales, la polución, las fronteras, el deshonor y cualquier tapujo con que se vista la brutalidad.

La explotación a través del viaje obedece al mismo modelo con que se explota todo en este planeta, que es el de la minería, esa exigencia de no cesar de cavar hasta exterminar la veta entera. De esta manera, con la sobrexplotación, se están liquidando los nutrientes de buena parte del suelo agrícola, al igual que se exterminaron aldeas enteras capturando a africanos para que trabajaran como esclavos en las colonias de América.

África. Si tuviéramos que establecer o sugerir la ciencia del viaje, como quien elabora una teología, el lugar más santo seguramente fuera África. Queda, a su lado, la Ruta de la Seda, como queda, tal vez, la Antártida, y muy cerca quedarán las grandes cumbres. En esa mitología, ocupando el lugar del placer, estarán los viajes al sur, sobre todo a los Mares del Sur. Pero seguramente África sería el lugar designado para poblarlo de santos y profetas, de dioses coléricos, como el del Antiguo Testamento, o de un panteón de apariciones que sumarían infinito en la religión del viaje. Los sucesos que cabe calificar como milagros estarían a la orden del día y el templo que los ampara se poblaría de santos y brujos, de profetas, inquisidores y beatos. Y también de ateos. Porque en los casos en que la teología eleva altares tan idealizados, la existencia de los ateos es parte de la fiesta. Ayudan a dar sentido a la magia de la ciencia teológica.

Todas las cuestiones humanas que empiezan formulándose con un *por qué,* han dejado paso a un *para qué:* ¿Por qué vivir?, ¿para qué vivir? De este cariz es la fortuna del superviviente de la mayoría de los habitantes de África, o de Asia o de las regiones donde habitan los humillados y ofendidos. Y la respuesta suele tener un tufo a actuación inmediata: ¿Para qué vivir? Para no estar muerto. Eso es algo muy parecido a la resignación.

El *musungu* escuchó que la resignación es el peor de los males y que los griegos lo reflejaron en el mito de la caja de Pandora: Hefesto, el dios de la forja y el fuego, crea un recipiente, una tinaja, donde cupieran todos los males, que la imprudente de Pandora no pudo evitar abrir. Desde entonces los males vagan por el mundo, excepto uno, la resignación, que era el más terrible de todos y por eso se hallaba al fondo, desde donde no pudo escapar, pues Pandora cerró la tapa a tiempo de guardarlo. Y así la resignación es un mal que no viaja por el planeta, sino que lo conservamos con nosotros. Otras interpretaciones dictan que la esperanza era el único bien guardado en la tinaja, pero entre esperanza y resignación pueden no existir tantas diferencias.

Será difícil reinventarnos cuando confiamos en la esperanza, porque para reinventarnos debemos plantar semillas, regarlas y cuidarlas de los parásitos. La resignación, y en cierta medida la esperanza, pueden llevarnos a la inmovilidad de la nostalgia, esperando, confiando en que algo suceda para que los mejores tiempos regresen, para que todo vuelva a ser como ese día en el que gracias a una playa africana fuimos capaz de inventarnos con decencia, y hasta de ser felices.

Prólogo fuera de ruta

Un día el mono bajó del árbol, cambió la fruta por la carne y descubrió que gracias al dedo gordo era capaz de enarbolar la quijada de un asno a modo de arma. A partir de ahí, desarrolló eso que llamamos inteligencia y no ha estado quieto un solo instante, ni siquiera cuando se le anuncia que, de seguir bailando así, va a liquidar el planeta. Hoy la lucha más noble es detener cualquier ruido de motor o cualquier griterío de multitud que pueda despertar a un animal que hiberna. Debemos elegir entre ser parte del ruido o ser parte de la serenidad de la naturaleza, descubrir dónde está la dulzura y dónde el protagonismo.

Durante años yo estuve en la brecha del baile, viajando, hasta que la enfermedad me empujó a cambiar la forma de entender el mundo: desde que mi capacidad para moverme se vio reducida, contemplo la vida como un paisaje. Es ahora cuando me propongo reflexionar sobre el viaje y su sentido, o el viaje y los sentidos, cuando veo todo aquello, tantos kilómetros sumados, a través de una memoria que me devuelve más emociones que imágenes. Como si la memoria fuera puro humo, como si se pudiera jugar con ella al mismo juego que jugábamos de niños, tumbados en los prados, imaginando qué forma tenía cada nube. Y me doy cuenta de que llevo meditando sobre este tema muchos años. Ignoro cuántos libros de viaje habré leído, pero mi carpeta con reseñas de literatura vinculada al viaje suma más de quinientos documentos. Cuando quise volver a mis apuntes y tratar de poner algo en claro, aunque sea en episodios breves, coloqué una vez más el *Libro del desasosiego* como texto de referencia sobre la mesa, ese largo viaje inmóvil, y afilé los lápices baratos que jamás me abandonan.

Sostengo, desde hace tiempo, que un libro de viajes tiene un primer objetivo, que es lograr que el lector acompañe al autor, se sienta partícipe de la experiencia. Eso supone empatía, sí, aunque también azotar un poco la envidia. Pero la envidia no tiene por qué ser un pecado capital, la envidia puede ser un acicate, un estímulo y, quién sabe, tal vez hasta un sueño.

Así pues, revisé toda esa documentación y comprobé cuáles son los temas que más me han preocupado durante este tiempo: la mirada neocolonial, el nomadismo o su farsa, la emulación de la aventura, la desaparición de la naturaleza, las virtudes de caminar, la autoestima y su relación con los miedos, el imposible mestizaje… De repente me di cuenta de que hablamos en muchos casos de arena en los engranajes emocionales. Se trata de asuntos, de fingimientos o travesías, que en buena medida nos impiden ser parte natural de lo que acontece, pero empujan a quienes viajan a sentirse diferentes.

En cierta ocasión escuché a Constantino B., un intelectual al que admiro, definir con brevedad el peligro de sentirse diferente: «Diferente, es decir, mejor». Eso soltó, refiriéndose al protagonista de una de las novelas de éxito entre la crítica del momento, que encarnaba un exilio voluntario a la decadencia. ¿Es mejor quien detiene la excavadora que amenaza con destruir la cueva donde duermen los murciélagos que quien suma más sellos en su pasaporte? ¿Cuál de los dos pretende ser diferente, en el sentido que le atribuía Constantino? No hay que pretender ser mejor, solo hay que intentar hacerlo bien, a pesar de ser consciente de que por todos los lados nos rodean horizontes quemados. El ejemplo que sugería Constantino es el del protagonista de *El Gatopardo,* que al contrario que el otro personaje citado, no pretendía ser decadente sino un canalla, pero consigue representar, como nadie antes, la decadencia. «Uno no puede pretender ser decadente y serlo: de intentarlo, será un tipo patético», afirmó Constantino. Uno no puede pretender ser diferente, es decir, mejor, y serlo.

Lo que sí podemos hacer es ponernos de parte del planeta: pedir que se reduzcan los agrotóxicos, recoger el plástico de los mares, evitar echar más ponzoña a la esfera azul, hablarnos con cortesía. Bienaventurados los mansos, porque ellos heredarán la tierra. Hemos ligado gloria a destrucción para llegar a todos los lados, como si esa fuera la primera necesidad humana, la de conquistar el firmamento, la gloria de Alejandro Magno, la del imperio de los papas, la de la conquista de América. Ahora mismo estamos desbordados por el deterioro y si nos detenemos en la ansiedad que esto provoca, solo cabe retirarse, lo cual iguala al que intenta viajar a lo remoto con el que se refugia en su biblioteca. Y finalmente, para relacionarnos con el exterior, para estar en el mismo mundo que los otros, recurriremos al alprazolam.

¿Viajar obedece al deseo de revolucionar el mundo, de cambiarlo? Mi impresión es que buena parte de los viajes suceden con gente que mira el mundo como quien mira el televisor, ese aparato en el que todo aparece disuelto e igual, desde la desdicha doméstica de una folclórica hasta las almas quebradas bajo las bombas. Aquí, entre este tipo de espectadores, no hay revolución que valga, nada que se asemeje al espíritu de Espartaco. ¿Viajar, lo que hoy llamamos viajar, es una actividad egoísta porque es efímera, porque no puede ser una actitud, porque no puede ser perenne, estable, una forma de vivir que supone largo aliento? ¿Viajar es una actividad y no una experiencia? Y, sin embargo, existen los viajeros verticales, existe mi amigo en Zambia, como existió Karen Blixen y su granja en Kenia; y existen los reporteros de *National Geographic* y los escritores de guías *Lonely Planet,* que se pasan la vida desplazándose. He compartido mis días con alguno de ellos en Canadá, en Mongolia, en Laos. Y sentí esa envidia que se asemeja tanto al don de soñar.

Revolución o pequeña revuelta, egoísmo o sugestión de autoestima, temas sobre los que no estoy seguro de querer elaborar ninguna hipótesis vinculada a ese anhelo de salir, de alejarse, de conocer. Pero sobre los que me gustaría empezar a tener una opinión algo fundada. De hecho, miro los epígrafes de las carpetas en las que he ido sumando ideas y encuentro unas formas variadas de interés, desde el concreto —documentarse y leer, caminar, Instagram, turismo y negocio— a los términos abstractos, algunos de ellos ya conocidos en esta suerte de diálogos —libertad, miedo, velocidad y tiempo—, sin abandonar las más tiernas preocupaciones —biosfera y colapso, sin hogar o vagabundo, nomadismo frente a compromiso—. Tengo la sensación de haber apuntado en algún documento una idea y su contraria. Nadie tiene un humor constante, nadie se despierta todos los días con la misma música resonando entre los pulmones y la bóveda del cráneo. Hay días en que nos despertamos zorro y otras en que nos sentimos ratón. Tal vez por eso sea necesario dejar que pase el tiempo, tantos días siendo ratón y tantos siendo zorro, antes de intentar llegar a ningún lugar, a ninguna conclusión.

Ideas recibidas

Se dice que el viaje es un ejercicio de libertad pues, por ejemplo, nos permitimos el lujo de elegir el destino y hasta la compañía. En realidad, se impone el modo operativo, se impone el presupuesto, sin ir más lejos, con el que nos relacionamos del mismo modo que un perro lo hace con sus pulgas.

Más tarde, una vez que hemos llegado a tierra extraña, nos concederemos el derecho a improvisar, pero guardándonos las tres visitas que no vamos a perdernos con las que definimos, de un modo que tiene que ver con lo subjetivo y con los tópicos, los motivos de elegir ese destino. Una vez delante de ellas, nos sentimos con derecho a disfrutarlas o a decepcionarnos, aunque si nos decepcionamos es pensando en qué bien hemos hecho en llegar hasta allí para poder elaborar una opinión propia. Y, mientras tanto, también disfrutamos o nos decepcionamos con los imprevistos más o menos convenientes, al menos a la hora de forjar anécdotas que van surgiendo. Pero lo que de verdad ignoramos son todos los matices de los compañeros de viaje, tanto de aquellos que parten con nosotros desde el hogar como de los que nos salen al encuentro.

No es imposible pensar que ese ejercicio de libertad que se supone que es el viaje se limita, en realidad, a la disciplina de la sorpresa. Y también a la garantía de permitirnos unas semanas de un egocentrismo que puede bailar en cualquier punto del amplio abanico que se abarca desde lo neurótico a lo meramente narrativo, pasando por la tregua.

El riesgo de mitificar el viaje, de ubicarlo allí donde se ubica lo legendario, es el de sufrir alguna de las dos posibles maldiciones: la verificación o el olvido. Ambas opciones tienen que ver con el regreso. En realidad, un viaje jamás debería pertenecer al círculo de las leyendas y los mitos que han servido siempre para guiarnos en la educación. Allí donde no alcanzaban los ejemplos reales, llegaban los relatos que nos hablaban de justicia, de rebeldía, de compromiso, de aversión a lo propio de los desalmados. Era mito Hércules y era leyenda Heródoto.

Es mito, o leyenda, el *Beatus ille,* que se ha elevado a categoría de sacramento desde algún instante tal vez próximo al Renacimiento. Dichosos aquellos que viajan para apartarse de los ruidos de la civilización y convivir en armonía con el medioambiente. Aunque, maldita sea, hoy la vida retirada sería la de los ruidos que escuchaban Horacio o Fray Luis de León y de los que pretendían huir: el martillo de la fragua, el paso de un carro tirado por una mula sobre la que zumban las moscas, las mujeres doblando los riñones mientras lavan la ropa sin dejar de cantar y los hombres recogiendo acelgas mientras afinan la voz o, con mala suerte, el cruce de espadas de un duelo nocturno. *Beatus ille* sigue siendo un canto lírico, una ilusión, un deseo casi imposible de realizar en un mundo demasiado podrido por la contaminación del aire y del agua, y hasta por la contaminación de la noche. Para librarse de la polución solo cabe retirarse a un lugar muy inhóspito, en el frío extremo o en el peor calor, donde pasaremos las de Caín por culpa de la hostilidad de la naturaleza.

Hasta tal punto llega la leyenda del *Beatus ille* que un alto porcentaje de los rescates que se realizan en alta montaña son para salvar a gente que fue allí con intención de suicidarse en soledad, de protagonizar una muerte con falsa estética.

Si salimos al encuentro de otros lugares, conviene hablar pasionalmente con la gente de allí, los camareros o los funcionarios, los policías o los ladrones, las campesinas o el que tira del *rickshaw*. Podemos encontrar silencios, denuncias o consignas, defensas o ataques que no siempre reproducen un pensamiento crítico. Nos atosiga enfrentarnos a los lugares comunes, como sucede en buena parte de estas conversaciones, a tópicos implantados para seguir perjudicando al desfavorecido y, por un sencillo cálculo de simetría, beneficiando a los poderosos.

Queremos debatir y nos encontramos con demasiada frecuencia con la misma respuesta, con lo común, lo vulgar, lo gastado. Deberíamos preguntarnos, cada vez que soltamos una jaculatoria, si estamos reproduciendo algo oído sin siquiera haberlo certificado a través de los motores de nuestras ideas, o de las ideas de otro, de alguien que se mueva en un espacio divergente. Tal vez deberíamos empezar por cuestionar quién sale beneficiado de que pensemos así, al dictado. La respuesta suele ser, de nuevo, que el favorecido es el más poderoso, el más malo. Decir, por ejemplo, que todos los políticos son iguales favorece la avaricia del peor de ellos, favorece su integración social y hasta el perdón de los que quieren estar convencidos de que es la persona ideal, porque creen que les conviene, porque les pone el suelo bajo los pies, cuando vivir supone, la mayor parte del tiempo, tener los pies en el aire.

Se viaja solo, el viaje ayuda a conocerse a uno mismo, incrementa conocimientos, genera memoria, regala experiencias, ayuda a reinventarse; el viaje es espiritual, aventurero, libre y subversivo. El viaje se parece mucho, así sacralizado, a Juan Salvador Gaviota. Y tal vez no sean ciertas estas afirmaciones.

Se da por cierto que el viaje ha de estar lleno de encanto, tanto como para invitar a no dormir, a querer que la noche pase lo más rápidamente posible para seguir disfrutando de estar despierto. Sin embargo, a quienes viajan les parecen vulgares las cosas comunes, es decir, lo que es común en el destino y en el origen, y se sienten atraídos por lo marginal, con la tentación de considerar que lo marginal es lo que tiene encanto. Es entonces cuando podemos detenernos un momento a considerar si esa acepción de encanto no contiene, a su vez, frivolidad, poca sustancia, mucha superficie. Esta actitud obedece bastante a simular actuar como los primeros exploradores, que tenían cierta tendencia a volver más exóticos los pueblos que no conocían, para convertirlos así en lugares y gentes con más encanto, más maravillosos a oídos de sus paisanos. Se daba por buena la exageración e incluso una falsificación más o menos inocente.

Del viajero se espera lo anómalo, lo extraño, la afirmación de cosas imposibles, el relato de un mundo diferente, y eso le da derecho a trasgredir. Pero para poder trasgredir damos por supuesto que existe una ley, o una costumbre, que es el eje sobre el que gira algo que, a falta de otra palabra, llamaremos «verdad» en el sentido que le daba a esta palabra Nietzsche: la verdad como intuición de lo real, de la impresión directa de la realidad. Pero lo real está colmado de contradicciones y, por tanto, no es fácil que sea inmutable.

Tal vez damos por supuesto que quien viaja conocerá de primera mano esas contradicciones y será, por tanto, un tipo interesante, puede que tanto como para catalogarlo de impresentable o para que se atreva a calificarse a sí mismo como un impresentable. Las cosas que son sagradas para él, o que creemos que son sagradas para él, comulgan con el romanticismo: la luz y el crepúsculo, la capacidad para apartarse de las raíces, obviar el tiempo de los relojes, conseguir que el hogar quepa en una mochila, la aventura del movimiento y una soledad contemplativa.

También será romántica la pobreza, su dignidad y su ilusión, entre otros motivos, porque elige comulgar con ella, con los pobres, lo cual nos remite al riesgo de dar carta de naturaleza a la desventura y al drama. Si se exterminara la pobreza, considera el viajero, se liquidaría todo lo bueno de la región y del paisaje elegido: la austeridad sincera, el aire libre depurativo, las relaciones de afecto sin roces falsarios. El romanticismo no destaca por la definición de las certezas, sino por la mirada difuminada hacia un mundo de sueños azules. Si estas ideas se pudieran esculpir, tendríamos un tótem que ensalzaría, eso sí, a quienes nos están dando envidia, porque si uno no viaja, si uno se queda, entonces sí resulta inevitable pensar que el otro es más libre.

Para desprender a este tótem de todo romanticismo, bastaría con afirmar que lo único que necesita el viajero es una tarjeta de crédito. Aun siendo consciente de ello, el viajero disfrutará de los terrenos de barro, acostumbrado como está a manejarse por el asfalto conduciendo un coche. El mundo no debería estar enfermo para el viajero que no encuentra duchas, por muy acostumbrado que esté a utilizarla dos veces al día. El que lamenta no ducharse es el que se limita a desplazar el cuerpo.

El territorio al que viajamos es sólido, pero lo que no se solidifica es el viaje. El viaje es éter. El destino, al margen de lo intrépido que ha sido elegirlo, puede ser un parque temático, o puede que tendamos a reconocer allí lo mismo que encontramos en la mayor parte del resto del mundo. Es difícil ver lo singular, y en este caso utilizamos «ver» como puerta de entrada y casi sinónimo de «entender». En buena medida, nos cansamos de reconocer también el mundo, hasta el punto de terminar soltando algún lugar común, como que el mundo no es que se esté muriendo, sino que abortó antes de nacer en condiciones. Lo peor de estos tópicos es la exageración. ¿Exageraremos si mencionamos que un día vimos a dos hombres bajarse de un camión, tras una lluvia torrencial, en un barrio de una ciudad costera de Mozambique, para lavar bolsas de plástico en el charco que se había formado en un boquete en el viejo asfalto?

> Los viajes son los viajeros. Lo que vemos no es lo que vemos, sino lo que somos». *Libro del desasosiego,* Fernando Pessoa.

La vida nómada, que caracteriza al grado más bajo de civilización, vuelve a aflorar en el más alto merced al fenómeno del turismo, que hoy todo el mundo practica. La primera nació espoleada por la necesidad; el segundo por el tedio». Si sentías la tentación de volver a inventar una expresión que distinguiera turista y viajero, Schopenhauer acaba de robarte las ganas. Todo es una forma más o menos sofisticada de turismo. También el viaje lento, ese que parece remitirnos a la saudade como única forma válida de memoria, como si «lento» significara lo mismo que sensible, que sentimental o que poético. Como si la lentitud fuera una expresión de amor. Aunque tampoco faltan motivos para gestar esta intuición, pues el amor no pertenece al tiempo de los mercados, sino al verdadero tiempo, ese que a lo que más se asemeja es a un sentimiento, y la lentitud es nuestra manera más sencilla de abandonar los relojes para arrimarnos a la ternura.

El deseo del que viaja es sentirse viajero, pero su voluntad no siempre es la de aceptar lo que supone el viaje, como, por ejemplo, días y días consecutivos sin apenas hablar con nadie, esas jornadas plomizas que jamás aparecen en los relatos de viaje, donde sí están los pasos fronterizos: horas de espera en un asiento astillado al cruzar de Zambia a Zimbabue, o la forma de vacilarte del funcionario sirio que guarda tu pasaporte a su lado durante demasiado tiempo y se dedica a no hacer nada toda la tarde, hasta que te comunica que ya le han autorizado a darte el visto bueno, y eso que no ha recibido ninguna llamada y por la zona del mostrador no ha aparecido nadie.

Deseas sentarte todas las tardes a ver el crepúsculo y hasta viajas con un paquete de tabaco para ver atardecer fumando un cigarrillo, aunque solo sea para emular durante dos minutos a Robert Louis Stevenson, y alejarte de la impresión de que eres un turista ciego y sordo al paisaje que atraviesas. Deseas estar solo en momentos como ese, pero o tienes algún compañero de viaje o te ves obligado a compartir la puesta de sol con otros viajeros o turistas. También es posible que los habitantes del lugar decidan sentarse junto a ti para dar rienda suelta a su curiosidad o a su necesidad de vender un reloj, o que salten a tu alrededor, como aquellos niños africanos del cerro al que subías cada tarde intentando disparar una foto al sol rojo que caía a toda pastilla.

Se hablará del principio de la transformación identitaria del viajero, posiblemente como idea para distinguirlo del turista. Tal vez quienes viajan pertenezcan a ese grupo de personas, no muy amplio, que parten porque les falta algo y esperan encontrar ese algo allí, afuera, para integrarlo en lo que son, si bien es posible que ignoren qué es eso que les falta y hasta les preocupe no saberlo. Sin embargo, la mayor parte de la gente se aleja de aquello para lo que vive si sale de viaje. Viajar puede ser una brutalidad y no es obligatorio hacerlo. Podríamos quedarnos a vivir con la imagen de las vías del tren en la retina, un grabado que simboliza el viaje, incluso el viaje lento, pero las vías están inmóviles. No hay que empeñarse en demostrar que hay más ingenuidad o más pureza, más libertad o poesía en otros lugares, en otros pueblos. Deberíamos ser conscientes de que con frecuencia nos limitamos a visitar la máscara del país: el budismo como atracción para turistas o los pocos rincones donde los arrecifes ofrecen un colorido que deslumbra. Si queremos profundizar un poco más, no nos quedará más remedio que buscar los detalles fuera de ruta, escondidos, detalles que hablan del corazón del territorio, y que nos remiten a la consideración respetuosa, tal vez a la delicadeza. Viajar puede ser un contraste entre desolación e ilusión, del que brotarán digresiones subjetivas, ensoñaciones y, tal vez, reflexiones. Con un poco de suerte, si en esa temporada tenemos nuestra sensibilidad puesta al día, mejoraremos un tanto así nuestra comprensión de la condición humana.

Creemos que la felicidad debe ser palpable, debe ser presente.

Que nada nos impida ser felices estando solos, ni siquiera esa faceta melancólica de nuestro temperamento. Los sueños brotarán de los sueños y la meditación de la apertura de los sentidos, que es una costumbre del viajero que nos limpia de rutinas y compromisos. No importa que los lugares hayan perdido su hechizo a favor de lo comercial, como esa Praga que en ciertas épocas del año se ha convertido en un parque temático para turistas dulces. Hay que pensar que todo lo que sucede a tu alrededor es nuevo para ti, es descubrimiento y, si tienes un buen día, es soledad y aventura.

La mala prensa entre la población viajera se ceba, por encima de todo, en los viajes organizados. Cualquiera que haya pasado dos meses recorriendo Tailandia con una mochila de dos kilos que contenía una caja de aspirinas y un bañador, las chanclas y el cepillo de dientes, se denominará a sí mismo «viajero», o «mochilero» si no ha superado los treinta años. A su juicio, esas parejas que emprenden lunas de miel en circuitos organizados se están perdiendo la esencia del viaje. Un recorrido programado desde una agencia es, a sus ojos, una cuarentena. Para conocer la India uno debe haber comido pescado podrido y saturado de especias en un mercado a las afueras de Nueva Delhi, y no limitarse a bajar de un autobús con aire acondicionado para fotografiarse delante del Taj Mahal. Los mochileros, los viajeros que abandonan su país con nada más que el billete de avión y la guía *Lonely Planet* bajo el brazo, creen que esos otros turistas no están cumpliendo sus verdaderos sueños, que no se atreven a otra cosa que no sea traicionar los auténticos ideales.

Viajar, supone el viajero, es situarse frente a unos límites o pruebas, constituidos por lo diferente, para reconocerse a sí mismo gracias a ellos. Se supone que el viaje será algo muy semejante a una prueba iniciática, pues debería haber una carencia inicial al tiempo que un deseo de hacer un poco propio otro espacio y otra dimensión. El itinerario podría configurarse como una prueba que hay que superar para formarse, instruirse y avanzar atravesando fronteras de identidad. Cualquiera sabe que en el diseño actual de la superficie del planeta humano el semáforo es un buen invento y que en las cenas uno debe abstenerse de robar las croquetas al vecino, pero esas convenciones incomodan al que busca la experiencia del viaje, porque le habría gustado que el productor de esta película tomara otro tipo de decisiones.

La civilización y lo que hay detrás de la civilización es uno de los temas clásicos que atañen al viaje, como lo es la atracción por pasarlas canutas —el malestar es un maestro, como lo es la ternura, la tenacidad o la obsesión y la frontera difusa que las divide—, y, en definitiva, los engendros que dejamos atrás cuando partimos. A estos habría que añadir los buenos temas buenos: el amor a la soledad, que tanto se parece al amor a los amigos; la intuición para vivir, que es hija de la experiencia vivida; el placer y el placer de tener sueños, incluido el sueño de estar fuera del sistema, de la civilización, entre otras razones porque el sistema supone, en buena medida, acuerdos mediáticos. Cualquier movimiento, cualquier acontecimiento fuera de estos acuerdos será una celebración: las grandes paredes de montaña, las grandes llanuras y los grandes desiertos, los océanos y los viajes sin contemplar el tiempo como dimensión, porque el tiempo entendido como dimensión es, ya lo hemos apuntado, el tiempo de los mercados. La predisposición del que viaja presupone ligereza, independencia, algo de soledad, intensidad de sentimientos y la desnudez como metáfora, es decir, lo que le aparta de ser un hombre gris, ese personaje con demasiadas adherencias.

«La imparcialidad es un mito burgués», escribió un buen amigo, Manuel Talens, en el último libro que publicó antes de fallecer, tras viajar varias veces a Cuba. Quizás haya una manera transversal de viajar, que supone no ir a los lugares comunes a encontrarse lo que dicen las guías y las páginas web de turismo, sino en dejarnos fluir por la vida del lugar, buscar experiencias a través de las personas y los parajes que al caminar provocamos que nos rodeen, reconocernos como parciales porque nos sabemos fragmento y porque nos sabemos propensos a sus pasiones. Las pasiones sobrevienen en soledad y, a la vez que nos satisfacen, pueden incomodarnos si somos capaces de identificar los tumores que adulteran lo idílico.

Las condiciones ideales sobre las que llegará lo idílico son inconfundibles, pues son lugares comunes: volar, silencio, mundo rural y medioambiente, paz interior, los sueños, la dosis exacta de lucha, que es como la dosis exacta de sal en el agua del mar, el enamoramiento, el esfuerzo físico, el ahora, la montaña, la adrenalina. En definitiva, lo que exigimos para sentirnos vivos.

Has maldecido la ajetreada vida que te impide pensar y te embarcas en un proyecto con las menores preocupaciones materiales posibles: decides que tu hogar será una maleta, o al menos que demostrarás que tu hogar puede reducirse a una maleta.

Comencé viajando con mochilas que pesaban veinte kilos y poco a poco fui reduciéndolas, hasta largarme de viaje varios meses con lo que cabía en una mochila escolar de seis litros. Pueden existir otras formas de renacer o de reinventarse, pero el viaje, creemos, es la más grata. Incluso si partimos con un presupuesto escaso, el viaje puede ayudar más, porque resultará más sencillo crear al personaje que viaja y convencerse de que ese personaje ayudará a construir la persona que nos interesa, la que aspiramos a ser.

¿Por qué la soledad en el viaje? Porque de esta manera cada encuentro se transformará en algo precioso, único, en el verano de la memoria. En realidad, a lo que más se parece el espíritu del viajero es al de los pastores: montaraces, sencillos y subversivos. Lo que invocará será vivir al día siguiente con la misma intensidad con la que ha vivido el día anterior, una intensidad que ojalá pueda disfrutar cuando termine el viaje. Sabe que todo es fugaz, desde los lugares a las sonrisas, de ahí que considere que es imprescindible el movimiento que lo lleva a nuevos lugares y nuevas sonrisas, o a largarse de los lugares incómodos y del exceso de seriedad. Salta de una forma de felicidad instantánea a otra y busca gente que viva al margen de la actualidad o de lo moderno. Sostiene que no solo resulta imposible bañarse dos veces en el mismo río, sino que además resulta imposible que en el mismo río se bañen dos personas al mismo tiempo, es decir, que ese río en el que él se ha bañado es una experiencia personal, distinta, solitaria, aunque se trate de bajar al Ganges por uno de los *ghats* de Benarés, llenísimos de peregrinos. Pero sabe que tendrá que regresar a su casa, que el retorno puede ser incómodo. Aun así, al volver debería encontrarse siempre con el perro de Ulises, el que lo reconoce, el que le lame la mano y ofrece la cabeza para que se la acaricie. El viajero es, también, el que regresa del viaje y vuelve a ser el mismo que siempre ha sido para su querido Argo.

Lo sagrado y lo profano

«No debe obnubilarse por la novedad, que agrada a los hombres jóvenes, ni dejarse contaminar por la costumbre, que nos hace aferrarnos a nuestras antipatías, y participar en las que vemos a diario».

Ensayos, Francis Bacon

«El paraíso es un lugar muy peligroso. Cuanto más alto el propósito, más numerosos los actos que se consideran justificables en su nombre»

Berlín y el barco de ocho velas, Jesús del Campo

«El mundo entero es una instalación turística y el desagradable sabor a simulacro se eterniza en la boca»

El turista desnudo, Lawrence Osborne

Sentados en la terraza de un bar de Segovia, comentando el fallecimiento en el K2 de un amigo que no había cumplido los treinta años, hablando con toda la entereza de los bosques, el viejo alpinista me dijo que la gente está muy equivocada: «Creen que lo importante es cuándo mueres, pero lo que importa es cómo vives».

Lo frecuente es pensar que la vida es más valiosa si falleces lo más tarde posible, mientras nos olvidamos de cómo vivir. Para que la vida se llene de olores, uno debe entrelazar sus días con idilios, como ese reposo que se experimenta tras sufrir el síndrome de Stendhal. Aunque debo confesar que ese deseo de permanecer en lo sublime, a ser posible sin interrupción, a pesar de ser un deseo generoso y honorable, participa de otro síndrome, el de Estocolmo. Uno no debería ser reo ni siquiera de lo exquisito.

En realidad, durante el viaje, al que acudimos buscando rozar un poco el síndrome de Stendhal, el itinerario se convierte en el mejor pretexto para proyectar deseos. Recuerdo romperme de belleza en mitad de la estepa de Mongolia, a medianoche, rodeado de yaks que me acompañaron durante cuatro horas bajo las estrellas, mientras sentía que el frío trabajaba la piel para rebajar un ataque de pánico que se debía a una riada de emociones. El mundo era muy extraño y yo me negaba a librarme del deseo de estar ahí y a la vez compartirlo con quienes se encontraban a diez mil kilómetros de distancia. Celebraba sentirme pionero mientras me sobrepasaba la melancolía —que en los viajeros solitarios es una mezcla de clase magistral y de duelo—. Sufrir melancolía y creerse un adelantado son dos aromas incompatibles, pues la memoria debe estar limpia si uno pretende sentirse el primero en pisar cualquier rincón retirado del cosmos para luego presumir; pero en la melancolía, como al final de casi cualquier otra forma de tristeza, hay sosiego. La presunción y el sosiego son piezas de puzles muy diferentes.

Para resumirlo, podría afirmar que en aquel momento, a las dos de la madrugada en la estepa de Mongolia, me sentía aislado, muy solo a mi pesar, y la soledad que no se puede refutar raramente hace de ningún lugar un sitio feliz. Pero la soledad sí puede ser crisálida, de manera que cuando llegue el momento de renacer, de regresar de ella, uno conocerá todos los sueños que va a soñar en invierno, durante su estancia en la civilización.

¿En qué consiste eso que llamamos civilización, de la que partimos y a la que se supone volvemos tras el viaje? Tal vez se limite a ser un territorio amalgamado por una sustancia gaseosa en la que viven seres que se besan sin quitarse los colmillos. Es el aire que se escapa entre átomos de hormigón, la disciplina que nos indica que la comodidad está en un cojín relleno de plumas al que tenemos derecho las dos últimas horas del día. Para quienes quieren viajar, la civilización es lo que provoca el deseo de huir o, siendo menos trágicos, el deseo de salir a buscar. Pero ¿a buscar qué? De nuevo repetimos que buscamos aquello que no tenemos y que, en ocasiones, en muchas ocasiones, no sabemos definir, porque el lenguaje es muy limitado a la hora de tratar con la educación sentimental.

Viajar puede estar convirtiéndose en una maldición: se ha sacralizado el acto de desplazar el cuerpo y colgar fotos sonriendo con cualquier telón de fondo que presume de especial, de poco frecuente. El viaje verdadero, creo, se define por el descubrimiento. Viajamos para sentir y para sentirnos, para dejarnos sorprender, para enamorarnos en el sentido en que entendía el enamoramiento Aristóteles, que sostenía que eran dos las características propias del enamorado: ser mejor persona e incrementar la intensidad de los sentimientos. Encontrarnos con que no tanta gente comparte esa alma, la propia del enamorado, es una declaración de decadencia: si no viajamos para sentir cómo nos está afectando el viaje, entonces lo hacemos para presumir, es decir, para protagonizar una versión moderna de la avaricia. Y el viaje por codicia afecta más al lugar de destino que a las personas que llegan hasta allí. El territorio será atractivo, acogedor, sorprendente o como quieras definirlo, pero el territorio sentimental del viajero permanecerá inmóvil. Mientras tanto, los habitantes del lugar se dejarán vencer para seguir existiendo.

Tal vez necesitemos crear mitos solo para más tarde poder desmitificar. Una de las funciones del mito es la de enseñar con ejemplos, pero eso no evita que a este heredero del primo del mono que es el hombre le encante la fantasía, y poner en evidencia las fantasías de los demás.

Viajar sigue siendo un gran mito contra el que apenas nadie ha entonado cantos de censura. Uno de los propósitos de los viajes es mantener encendido el volumen de los mitos que consideramos nuestros, creaciones propias. Y creemos que estas creaciones contienen algo de etnografía y algo de aventura. En realidad, ese tipo de viajes míticos son con demasiada frecuencia experiencias de la exageración: demostrar que es imposible encontrar una cumbre más difícil, un viento más helado, un clima más abrasador. Demostrar que es imposible que la supervivencia se exprese con más potencia que con nuestra testarudez por llevar a término este viaje. Esa forma de ser testarudo está vinculada a los deseos de desmitificar y poner en evidencia, porque al mismo tiempo rebaja el viaje mítico de los demás, los que no somos nosotros, los que elaboraron otros mitos personales. Al final, nos enfrentamos a la dualidad de ser constantes —al mantener activo nuestro deseo de protagonizar otro viaje— y de ser espectadores —a la hora de valorar los viajes propios y sobre todo los ajenos—.

De aquel mapa que contemplaba Joseph Conrad de adolescente, ese con tantos espacios en blanco, con tanto territorio por descubrir, apenas queda nada. Algunos valles del Himalaya, algún rincón seco del Tíbet, el barrio más peligroso de Baltimore o el verdadero territorio blanco, que es la Antártida. Ir a esos lugares es ir a sufrir, y el sufrimiento tiene una relación ciclotímica con el viaje: pasamos del júbilo a la depresión en muy poco tiempo. Al menos sucede así si obedecemos a esa necesidad tan humana de vivir las experiencias con intensidad. Si esa intensidad guarda proporción con la dificultad del viaje, y en esta dificultad sufrimos, entonces lo importante no será viajar, sino haber viajado, terminar el viaje para narrarlo. En este caso, corremos el riesgo de contar la experiencia obsesionados por demostrar que en nuestra excentricidad nos alejamos de nuestros semejantes. Hay que vigilar el narcisismo para entonar nuestra canción con un sano espíritu romántico y de bonhomía, y el mejor sustrato consistirá en cuestionarse tanto a uno mismo como al otro, lo cual debería acercarnos a los demás. Convendría hablar aquí de la compasión, que pasa por reconocer nuestra capacidad de sentir bajo la piel los sentimientos que siente el extraño. Deberíamos ser capaces hasta de comprender cultos como el de la entrega de cadáveres humanos a los buitres, que significa la prolongación de la vida en más vida.

El mapa genético del viajero puede reclamar algo que tal vez sea equilibrio o quizás embriaguez. Su reflexión tras empaparse del lugar, bien puede ser parte de la dialéctica entre la justicia y el orden, si considera que lo justo es poner voz al débil, a la locura insolente, frente a los que prefieren ser amos de un cementerio antes que parte de una tribu. Nada hay más ordenado que un cementerio, y sobre la necesidad de orden se nos instruye con soflamas de aspecto sensato, de origen cobarde e interesado. La justicia está imbricada con la poesía, y poca poesía se ha construido sobre el orden propio de los cementerios. Frente a los amos del cementerio, elegimos la tribu, aquellos sitios donde a los vecinos no se les presupone culpa, no se les atiende con reproches, y esto nos provoca cierta nostalgia porque los dueños del cementerio nos intentan convencer de que ese presupuesto ya no existe.

No hablamos de nostalgia por el pasado propio, de algo que atañe a la autonomía emocional, sino de la memoria colectiva, heredada, aprendida, de añoranza por una época que no hemos conocido, pero que nos descubre nuestros huecos y alimenta los mitos que creamos para sostenernos, mitos que necesitamos para hacer pedagogía. Sin ellos caeríamos en la depresión, en el abatimiento y, por efecto rebote, en la violencia; sin ellos nos encerraríamos en lugares comunes porque los lugares comunes se nos antojarían respuestas firmes, cuando vivir no consiste en encerrarse dentro de respuestas.

La idolatría por el viaje, como si el hecho de viajar fuera un paraíso, no deja de ser otro becerro de oro. Hemos sacralizado bastante el viaje y se está convirtiendo en un monstruo que se autofagocita: el viaje dejará de existir por culpa del propio viaje, porque el hecho de que nosotros lleguemos hasta los lugares que nos son más ajenos irá provocando que la impresión de lo extraño vaya dejando de existir.

Viajar debería ser una celebración del mundo: salir fuera de nuestra propia cabeza para acariciar lo hermoso y sorprendente que puede haber en el mundo, incluida la vida cotidiana de los otros. Gente extraña, con la que podría resultar complicado identificarse, se arrima a nuestra aura y así eliminamos la traba que supone la lejanía como dimensión.

Y a lo que deteriora nuestra ambición, se une la falta que cometen los poderes económicos, encargándose de destrozar lugares habitables para instalar el turismo, lugares donde la gente dejará de conocerse para armar un programa faraónico que fabrique dinero, que borrará la memoria para proyectar grandes fortificaciones que admirar, estampas que motiven a llegar hasta ellas gastando mucho combustible. El cebo nos muestra que el mundo es tan hermoso como deseamos, pues en caso contrario supondría un gran esfuerzo encontrar sentido al viaje: nos llevan a monumentales espacios míticos y nos abruman con la conversación de los datos. Nos facilitan un mapa, cuando lo que vemos, lo que reconocemos, lo que alcanzan nuestros sentidos no configuraría uno jamás, ni falta que hace.

La palabra «nada» viene del latín *nulla res nata,* que significa algo así como 'ninguna cosa nacida'. Podríamos ponernos en plan Cioran y sostener que hay muchas cosas de apariencia nacida pero que no son nada. No es nuestra intención. Lo complicado, en este mundo, es no amarrarse al deseo de no envejecer, reconocer que la infancia también puede ser un tumor en la memoria y hacerlo con el estilo de quien no cesa de buscar la poesía debajo de la alfombra, donde los demás esconden la basura. Esta es una tarea heroica.

Nos han convencido de que si no nos movemos estamos muertos, de que la alternativa al desplazamiento es un paisaje después de la batalla, que lo que es seguro que sí ha nacido es la derrota y que esta es constante, que lo que debemos hacer es no tener pudor a la hora de meter las narices en todas partes y luego pedir perdón. El mundo real se supone que es la deriva a la que asistimos, y este viento nos hace desencajar la mandíbula por lo desapacible. Cuando desencajar la mandíbula por culpa de la sorpresa es a lo que deberíamos estar dispuestos en el viaje.

En nuestra mano está quedarnos atónitos con el vuelo de la mosca que choca repetidas veces contra el cristal. Los viajes pueden haber sido tu vida, tu pasión, tu alegría, pero a la fuerza tiene que haber otras vidas, otras pasiones, otras alegrías, porque viajar ya se ha transformado en una repetición, en una forma más o menos sofisticada de turismo. Viajar, como enamorarse, es disfrutar, pero cansa. No sabemos bien qué significa enamorarse, pero definimos a la perfección lo que es un flechazo. Al volver a viajar, durante breves periodos y sin mirar nada más allá, sin contemplar ninguna de las consecuencias del viaje, lo que buscamos es algo tan imposible como la consecución de flechazos.

Lo legítimo es soñar

«Aquí arriba no hay dolor», es una expresión de John Muir que resume su proyecto, el proyecto de vida y el de su obra. Buscar el lugar donde no hay dolor y mostrarlo a los demás es tan loable como hermoso. Es ingenuo, en el sentido que nos gusta dar a la ingenuidad y que remite a su etimología, pues proviene del latín *ingenuus,* que significa 'nacido libre'. Sospechamos que todavía no se ha estudiado y valorado en condiciones la ingenuidad como criterio artístico y literario. Pero es uno de los parámetros con los que resultaría fácil acertar a la hora de definir obras maestras: la ingenuidad está presente en *El Quijote,* en *Industrias y andanzas de Alfanhuí,* en *Hamlet,* en *Mientras agonizo,* en los párrafos de John Muir enfrentado a la naturaleza. Mientras gente con otras inquietudes se enzarza en buscar un número impar de pies al gato, en vanguardias, trasvanguardias, metavanguardias, en rizomas y géneros híbridos, en autoficciones, en digresiones que no harán del mundo un lugar mejor, la ingenuidad nos ayudará a soportar el peso de la vida, a encontrar terrenos donde no hay dolor, a soñar con ellos. De lo que se trata, se ubiquen donde se ubiquen hoy las utopías, es de que las existencias sean cabales, espontáneas, limpias.

A disposición del que no se arriesga a ser ingenuo siempre estará la catalogación de inútiles sobre proyectos como el de John Muir. Pero lo inútil no es lo opuesto a lo práctico, como creen ellos; lo inútil es lo opuesto a lo útil, y nada hay más útil que vivir, que expresar la vida. Y nada hay más inútil que el dolor. El dolor no sirve para nada. Si alguien me apura, designaría, en consecuencia, la amistad como antónimo del dolor. Y sospecho que el dolor, el dolor contemporáneo, está muy vinculado a la modernidad urbana y desatenta que se impuso el siglo pasado, alejándose de cualquier connotación bucólica rural, natural, con sus matices de bondad, pero con los riesgos de los que nos advierten a pleno volumen los guardianes de lo práctico, que lamentan el alcoholismo aldeano o las lesiones en la espalda de los campesinos.

Practicar o soñar. Seguridad o inquietud. Un destino ideal es aquel que contiene lo conocido y lo remoto, que son los mismos elementos que componen un mito. Hablamos de lo hermoso y lo lamentable, de todo lo que nos hace bailar el ánimo, de lo que nos impresiona y es diferente, pero al mismo tiempo nos afecta en el momento de reconocer que allí también reconocemos lo compartido, lo universal, y nos vuelve a meter dentro de nuestra piel.

Muir nos habla de lo que supone un esfuerzo físico bien disfrutado y la dosis exacta de incomodidad, de lo que nos lleva a examinar en nuestro interior, partiendo del debate entre el entendimiento y la incapacidad de entender nada, de elogiar la pureza de una vida no centrada en lo material, porque Occidente carece de fundamentos para recomendar sus ideas a quienes tienen motivos para huir de ellas, y en algún momento todos hemos sentido esas razones.

Y entonces hemos querido soñar con subir a los sitios donde no hay dolor. O al paisaje que espolea la curiosidad propia del niño, paisajes como el Ártico, donde todavía existen miles de kilómetros cuadrados sobre los que apenas sabemos nada, espacios que podrían albergar el terror o, por qué no, otro paraíso. O paisajes como el eterno mar, la mar, madre de vida y comienzo de aventuras. Y vivir una vida sin aventuras es una manera de vaciarla de contenido, es decir, de felicidad.

Hay otras versiones de la felicidad que también están relacionadas con la aventura en una escala sentimental, como el chocolate caliente mientras miramos la niebla pegada a la ventana, la música de fiesta bajo un emparrado o la solidaridad frente a las tragedias. Incluso ahí, entre esas felicidades, podrían estar las últimas fronteras, porque las fronteras no siempre están en la geografía, en lugares legendarios, en ambientes tan inhóspitos que preferiríamos contemplarlos a distancia. Las últimas fronteras están en los mismos sitios en que encontramos las fuentes de las que emana la poesía, lo que más hemos amado, lo que nos lleva a reflexionar sobre el tiempo, la muerte, la pasión, el camino, el coraje, la justicia, la tristeza, el terror, el tabú, el arte, el riesgo o el envejecimiento.

«Poco pueden decir aquellos que nunca han visto un ámbito salvaje como este ni han aprendido a leerlo como el que aprende un idioma. Aquí arriba no hay dolor, no hay horas vacías y grises, no hay miedo al pasado ni temor por el futuro», dice John Muir desde lo alto de una montaña.

dromomanía: Del lat. cient. *dromomania,* y este del gr. δρόμος *drómos* ‹carrera› y -μανία *-manía* ‹-manía›.

> Inclinación excesiva u obsesión patológica por trasladarse de una lugar a otro. «No es posible eliminar el deseo de conocer lugares remotos hasta después de haberlos conocido».

Cuánto tiempo es mucho, Juanjo San Sebastián

Tampoco es posible volar y permanecer en el suelo, tener alas y raíces, excepto en el sueño. Y, sin embargo, aprendemos a partir, y de no ser por todo lo que supone una despedida, no sería un gran trastorno. Solo debemos estar advertidos contra el riesgo de creernos especiales, creer que somos capaces de ver el lado del poliedro que los demás no alcanzan a imaginar, considerarnos unos soñadores, alguien fuera de la sociedad, como Juan Salvador Gaviota, que creyó descubrir el placer de volar al margen de su provecho, gente que se cree testigo privilegiado en lugar de lo que realmente es: un observador participante.

En el viaje nos sentimos parte armónica de la sinfonía que estamos componiendo, mientras sabemos que provocamos envidias en los hombres forzados a considerarse realistas, porque demasiados pesos les muerden los tobillos. Ese tipo de envidia es una de las malas derivaciones sicóticas del realismo, pues enfrenta en batalla a lo que somos con los ideales, al pequeño ser con lo que desearía poseer en la cuenta corriente o en el currículum. La sensación es la de sentirnos huérfanos de un mundo al que echamos de menos sin ni siquiera habernos dado cuenta de su desaparición. No sabemos que el viaje actual es un desplazamiento en el que se ha cambiado el mundo sin paisajes por los paisajes sin mundo, y el paisaje, como saben los campesinos o la gente de mar, nos construye con tanta fuerza como los mejores amigos.

El éxito no está en conseguir un sueño, sino en soñarlo. En el párrafo final de sus memorias, el alpinista Lionel Terray reclama el derecho a soñar, incluso, como don Quijote, a soñar con retirarse a ser pastor al final de sus días. Lo legítimo es soñar, pero conviene que una parte de esos sueños sea emocionalmente inteligente, es decir, posible. Uno nace con muchas taras y no a todos se le regalan las mejores cualidades, pero sigue pudiendo elegir vivir sobre las cualidades que le faltan o sobre las que posee.

El viaje es un sueño posible. La pregunta «¿por qué viajamos?» no tiene solución, o al menos no en una respuesta templada e inmediata, pero sí la cuestión de para qué viajamos: viajamos para construir una memoria que merezca la pena, una religión sin enemigos, una religión tal vez sin dios, pero sí con compasión. Viajamos para eliminar excesos, esos excesos que están presentes en las obsesiones y en la arrogancia, viajamos para recordar con cariño la dicha de haber vivido. Al final todo es memoria, o necesidad de memoria, sobre la que se gesta la curiosidad y el entusiasmo.

Memoria, curiosidad, entusiasmo, viaje, sueño. En definitiva, algo de romanticismo. Conviene advertir, sobre todo a los hombres prácticos, que no hay menos problemas síquicos en el realismo que en el romanticismo. En un universo regido por la realidad, se niega el paso a la principal fuerza natural del cosmos, que es el azar. En un universo romántico, el azar tiene permiso de intervención y hasta se le permite forjar la casualidad de demostrar que el mundo no es un maldito estercolero. El mundo, real o romántico, es todo lo contrario a un lugar siniestro. ¿Cuál es el antónimo de siniestro? Benévolo, dorado, noble, amable… Se supone que debemos permanecer quietos, que ahí está el equilibrio, pero ese equilibrio es una farsa, una bomba debajo del asiento. Lo que de verdad cubre todos los sueños es perderse, que da impulso al sueño de la soledad, al sueño del descubrimiento, al sueño de la metamorfosis, al sueño del paseo, al sueño de los fantasmas, al sueño del amor, al sueño de la cartografía, al sueño de cualquier canción. El sueño demuestra que nuestra humanidad se distingue por la facilidad con que uno se encariña.

Un paraíso, el lugar al que nos dirigimos, puede ser cualquier sitio del que todavía no conozcamos sus miserias en vivo y en directo, cualquier lugar en el que no estemos. Como mito, el paraíso se refiere a lo desconocido, a lo soñado, y por tanto a lo necesario. Un paraíso es un sueño que colocamos sobre la balanza, en el fiel contrario a la conciencia, que sigue siendo una construcción social. Un paraíso es soledad, porque es el lugar al que llegamos para practicar la única actividad de observar, y nadie puede subirse a tus ojos, nadie puede elegir por ti qué es lo que más deseas encontrar cuando miras a tu alrededor.

Ser lo que otros han sido

Una tarde de verano, uno está tomando una cerveza en la terraza de un bar y de repente se sienta a su lado un joven flaco, con la cara llena de huesos, y comienza a contar su vida, sin ocultar las ocasiones en que ha sido mendigo ni las veces que se sentó en el trono del rey Midas. Es entonces cuando uno siente ganas de renunciar a la vida gris de los hombres grises, esos que no se reconocen en los sentimientos de los otros, ni en las pasiones, las veleidades o los delirios de los otros, esos que esgrimen la palabra «realidad» como anatema, como férula, ocultando algo que uno puede atreverse a llamar cobardía: exigir ser realista se parece demasiado a exigir ser cobarde.

La realidad, que tan poco nos gusta, no nos sostiene; se trata, más bien, de un andamio para evitar que el edificio que somos se venga abajo, aunque el andamio no es el edificio y, aunque todavía no lo sabemos, el edificio se sostiene sin andamios. Pero ese día, junto al joven flaco, pensamos que no somos domésticas bestias civilizadas.

Ese día uno se siente tentado a buscar otros ídolos, otros tipos a los que emular, que en mi caso, lo he confesado alguna vez, fueron gente como Bruce Chatwin, con sus obsesiones tan particulares: los destinos o el destino; el dinero o de dónde sale el dinero; su colección fluctuante de variados objetos de arte o artesanía; la crítica a todo lo que huela a británico; la defensa y reserva de su independencia, a la que identifica con la libertad; unos sueños que se mueven al filo del egoísmo; la voluntad de ser un desastre para la vida práctica y la vida social; el baile constante de la filia a la fobia; ser diferente o saberse diferente —«¿Por qué están chalados todos mis amigos?», llega a decir—; el anhelo de estar en otro lado como si eso supusiera el rescate de su alma —«Tengo muchas ganas de hacer algo sobre el tema del peregrinaje, sobre la idea de encontrarse a uno mismo en movimiento», confiesa—, y, por encima de todo, no aburrirse, tener el mundo a su disposición y protagonizar una vida, para lo cual es inevitable llevar una vida diferente. Lo cual implica pretender ser mejor que los hombres grises que construyen un mundo gris. Algo que, según como se entienda, se puede elogiar sin reproche.

Hoy uno sabe que hasta el Grand Tour era un mito, que los caballeros que bajaban al sur de Europa lo hacían esgrimiendo una mejora en su educación, pero que, si bien este era el motivo oficial, en la mayoría de los casos el extraoficial tenía que ver con un libertinaje que no se podían permitir en su lugar de cuna. Tampoco hay que escandalizarse. Algunos de estos señores pensaron mucho sobre la ética, pero todos sabemos que ética es lo que ejercemos a diario, lo unido a nuestros actos y nuestras actitudes. Sea libertinaje, farsa o idolatría, cualquier impulso al descubrimiento puede suponer un avance ético. Que alguien quiera aprender es un barómetro con el que medir si merece la pena relacionarse con esa persona. A las personas que están de vuelta sin haber ido a ninguna parte es mejor dejarlas a un lado del camino. Está bien conocer la vanidad, pero no tentarse en exceso con ella.

Existen, por suerte, esas personas a las que uno quisiera encontrar cuando se pierde en el interior de una cueva oscura, esas que llegarán hasta nosotros con una antorcha en la mano. Es una estirpe escasa, pero se muestra imbatible incluso en tiempos revueltos. Son gente que no intenta deslumbrar, sino apartar las tinieblas para ver mejor el camino. Uno tiene la impresión de que no encajan en el mundo, que son piezas de otro puzle y que, por tanto, necesitan constantemente inventarse algo, otro destino, otra ruta. A nuestro juicio, nacieron bajo el signo de la buena estrella, poseen una incansable capacidad de asombro por las pequeñas cosas, comparten la suerte que les sonríe y descubren que con lo que tienen les basta. Sin pretenderlo, son maestros, patrones de sus sueños en medio de una tempestad de realismo alarmante. Y los sueños a los que nos entregamos ayudan a mantenernos vivos más allá de la mera necesidad animal de seguir respirando. La felicidad que representan no es perfecta, pero es dulcísima.

«Era guapo, difícil de impresionar, atento, solitario y sabía lo que quería; su aceptación casi fatalista le convertía en el viajero ideal», afirma Theroux sobre Paul Bowles, a quien no le interesaba nada la exhibición, pero sí indagar acerca de las certezas, que es casi tanto como decir de la duda. Si leemos a Paul Bowles, sentimos que se dirige a nosotros con cierta contención, colocándonos en un lugar donde cabe todo el mundo. Su ubicación para conseguirlo es, necesariamente, la del hombre solo. Y nos planteamos si no podríamos emular sus terapias, esa conciliación de los dos extremos de la vida humana, el del ser sedentario enfrascado en una labor intelectual con el del nómada. Si bien ambas actuaciones tienen algo en común en la actualidad, como es que se ejecutan por motivos poco prácticos, y los motivos poco prácticos son, al fin y al cabo, los que nos separan de los impulsos primarios animales.

¿A quién más admirar?

En una entrevista que concedió mientras preparaba la expedición del Endurance a la Antártida, Ernest Shackleton describe los criterios con que se rige a la hora de elegir a los hombres que lo acompañarán en una de las mayores hazañas de supervivencia de la historia: por orden riguroso, su prioridad era el optimismo, seguido de la paciencia; a continuación colocaba la fuerza física, después el idealismo y, por último, el valor. Y luego explicaba que todo hombre es o puede ser valeroso, pero que el optimismo contrarresta la desilusión, la impaciencia lleva al desastre y la fortaleza física no basta para neutralizar las desdichas del ánimo. Al margen del análisis sicológico sobre la tesitura del hombre que pasa apuros, lo que hace Shackleton, en buena medida, es buscar a Hércules. O transformarse él mismo en Hércules, en un tipo cuya fuerza radica no tanto en su musculatura como en su certeza de que lo mejor del ser humano es la amistad, la lealtad, la bondad y la desesperación entendida como la necesidad de luchar contra el destino que parece escrito para nosotros por los dioses. Y la convicción de que la victoria no es derrotar al adversario, sino mantener la dignidad en la lucha.

La vida de acción no es tal por mor de la potencia física. De hecho, la vida contemplativa es tan intensa como la vida de acción. Lo que cuenta es la implicación emocional, sentir los mitos, percibir las alegorías, darnos cuenta de que estamos en construcción, el conocimiento poético antes que el cartográfico, la educación entrelazada con el entusiasmo, o la ciencia que nos interesa más, que es la que surge del asombro y culmina, una vez más, en el respeto.

Por emulación o por dialéctica, o por creer en esas imprescindibles leyendas, de vez en cuando uno se levanta de la mesa sintiendo que ha recibido consejos para mejorar el rendimiento, que en este caso es tanto como decir para no rendirse en la vida: «¡Viaja! —sentimos que se nos ordena—, ¡porque la vida no es un oficio sino una aventura!».

Hasta nadar en lagos y ríos se puede considerar hoy una actividad ligeramente subversiva, como lo es tener un huerto o reivindicar el derecho a caminar por cualquier sendero, también los que atraviesan una propiedad privada, o intentar aprender las cosas que saben los delfines o las nutrias, que son seres que no agreden. Se trata de rebeldías inocentes, como las del pintor John Constable, cuya obra no se termina nunca. Todos podemos pasear, nadar, escribir, crear las leyendas que nos permiten entender que batallamos contra una melancolía de cementerios, contra estercoleros en los que si nos esforzamos podemos encontrar amapolas. Si es necesario, roba esa convicción a las personas a las que te gustaría parecerte. Hay que seguir los pasos de otros peregrinos y viajar dándonos cuenta de que las sensaciones son los adverbios del alma.

En el otro lado está eso que, a falta de un término mejor, llamaremos «sistema»: la globalización, el mercado, la especulación, el darwinismo económico, el darwinismo social, el darwinismo político y los disfraces sociales que conocemos como tendencias culturales, tradición y religión. Cosas que actúan demasiado sobre nuestros cuerpos, que nos muerden los tobillos, que manipulan quienes manejan los Estados modernos, esos sistemas de distribución de poder, para decidir a favor de alguien que no somos nosotros. Por eso queremos salir, largarnos de aquí, aunque solo sea una pequeña temporada.

La aventura

La sociedad es una cosa muy rara: rechaza a los que se desvían del modelo y, una vez ahuyentados, una vez alejados, los declara representantes de la sociedad, los declara ídolos, magníficos, modelos. Y así nos quedamos especulando con la cantidad de estupidez o de valentía que pone en juego el aventurero, porque la aventura supone alejarse. Especulamos sobre qué parte es capricho y qué parte razón en una actividad en la que se pone a uno mismo en peligro.

En una época en la que lo gris desciende a plomo sobre nuestras cabezas, lo que se nos antoja épico, entendiendo por épica algo bastante físico, es una tabla de salvación, una necesidad, el equivalente al edén en muchos momentos. Por otro lado, están las reflexiones sobre lo contradictorio de su actividad, que Jan Morris resume muy bien en su crónica sobre la conquista del Everest:

> «Creo que su razón para escalar es parte orgullo, porque no se atreven a admitir debilidad; parte ambición,

porque la cálida caricia de la gloria envuelve a todo escalador exitoso, aunque únicamente llegue a alcanzar una cima menor y poco reputada, solo y sin honores; parte esteticismo, porque su deporte los lleva a sitios preciosos; parte misticismo, porque se regodean sensualmente en un desafío espiritual,; y parte masoquismo, porque en realidad disfrutan de las incomodidades que atraviesan [...]. Entre estas razones, era la última la que me parecía más convincente conforme luchábamos por subir la montaña».

El aventurero, que se reconoce en el viaje con riesgo, da por supuesto que lo desconocido es una pisada en un suelo de consistencia incierta, los rugidos nocturnos entre las ramas de una selva cerrada, el hambre y la sed que empujan a escarbar en la tierra o la nieve con las uñas.

Y nosotros llegamos a identificar esa actitud con la búsqueda de una sinceridad que no nos estamos atreviendo a protagonizar, pues desconfiamos de nuestra fortaleza. Atribuyendo a la actividad del aventurero potencia, energía moral, lucha por la felicidad y ausencia de miedo. Forman parte de la estirpe de los tipos a los que, si se les privara de su vocación, se convertirían en cadáveres. Decimos que son raros, aunque, como hemos comentado antes, lo que es raro es la sociedad, y lo raro puede ser natural o elaborado, puede ser el protagonista del cuento del escorpión y la rana o un deseo de deslumbrar. En cualquier caso, hasta lo monstruoso debería ser estudiado. Podemos estar tratando con los que abandonan el pasado para construirse una vez que dejan de ver las costas donde nacieron, o del gran mito del aventurero que viaja con el anhelo del hogar grabado a fuego sobre su alma, como Ulises.

El aventurero es un egoísta, pero quienes intentan ponerle plomo en las alas también. Como siempre, el refugio al que acogerse, lo que debemos mimar, abonar y librar de los parásitos, es el respeto. En realidad, lo que está haciendo el aventurero se asemeja a lo que todos hacemos a la hora de medirnos con lo peor de nosotros mismos: encontrarse con la experiencia de la soledad —como sucede durante el enfado y durante las sesiones de cobardía—, encontrarse con el egocentrismo, con el placer por el placer o con la codicia. Los admiramos si muestran una ética sencilla, que consiste en contaminar lo menos posible, ser discreto o no entrar al trapo de las arremetidas de quienes los acusan de sentir una pasión impura. Viajan por territorios que eran vírgenes en sus vidas y se inventan para regresar con una tonelada de belleza en los pulmones. Los que regresan sin belleza no son aventureros, son campeones de la arrogancia, vencedores de la nada.

Debo aclarar que pienso mucho, cuando medito sobre la aventura, en el alpinismo, en la escalada y en la alta montaña, por complicidad, por formación, por empatía, porque allí la belleza y la fuerza son sinónimos, son la misma virtud. Considero que muchos de los que van a la montaña, cuando no les ilumina la luz del día, saben alumbrarse con la linterna que portan en la mano. Y doy por supuesto que el deseo casi patológico de libertad lo comparten con otros aventureros, con Wilfred Thesiger atravesando el desierto o con Richard Byrd en la Antártida, dispuestos a pasar por las pruebas más duras con tal de vivir la naturaleza de una forma salvaje, extrema y hermosa. Desafían el terror y son sentimentales, y nos preocupamos por saber cómo se relaciona el terror con el sentimiento. Quieren sentir a la vez la paz y la euforia. Son un mito con estas características que les hemos atribuido: ser dueños del don de la libertad, carecer de envidia, disfrutar de una energía ilimitada, padecer pasiones secretas, romper las reglas, poner en solfa cualquier ley, renegar de una patria o hacer de su patria el universo, desmenuzar los vínculos con la realidad como si fueran terrones de arena. Para ello, y por ese motivo, viajan a donde uno se despoja de nuestras limitaciones, nuestras trabas, nuestras prohibiciones, nuestras censuras; se enfrentan a los muros que hemos ido construyendo y a la seguridad que nos proporcionan; eligen lo desconocido, persiguen una meta, pero desconocen todo sobre ella.

Los mitos de la aventura van a la montaña, al océano, al desierto, a los ríos menos navegables, a los polos, a las estepas deshabitadas, a lugares donde la naturaleza es hermosa y terrible, donde es un motín, allí donde se impone la estética del guerrero y se demuestra que el planeta no es una masa inerte, pero tampoco es inhumano, a pesar del peligro.

El hombre ha creado conceptos sensibles como corazón, alma o espíritu, que traslada al Everest, a la austeridad de la meseta del Tíbet, a las banquisas heladas del Ártico, a los tifones y a la oscuridad de las fosas oceánicas. Estas son algunas de las palabras presentes en la vida de aventura, que nos remiten a ideas difíciles de definir, pero a sentimientos muy claros: justicia, libertad, igualdad, felicidad, amor…, y sus contrarios: injusticia, cautividad, desigualdad, infelicidad, odio o indiferencia.

Para divagar acerca de alguna de ellas partimos de todo el universo a la vez. Y este universo tiene forma de azar, y el caos, lo hemos dicho más veces, permite más creatividad que el orden. Creatividad también es una criatura sin definición clara, pero no ofrece confusiones a la hora de percibirla. Si algo define a la creatividad es lo mismo que caracteriza al caos, pues ninguno de los dos es predecible. Como ocurre con la aventura, que también es impredecible, que comparte con ellos la incertidumbre. Nadie sabe cómo terminará una aventura, al igual que nadie sabe qué se le impondrá al pintor, al escritor o al director de cine durante el proceso de creación.

Tal vez la aventura contenga algo de drama, porque participa de la necesidad de conocer la noche, las regiones oscuras. Pero lo que veo más necesario a la hora de definirla es reivindicar la espiritualidad que contiene la épica, tan relacionada con las buenas cosas buenas: con la amistad, con la honradez, con la generosidad, con el derecho a soñar, con la justicia que no acepta la victoria final de los dioses, porque siempre existirá la opción de rebelarse contra ella, contra la muerte. Aunque existe, eso sí, un conflicto muy actual a la hora de señalar qué acto es una aventura, pues se puede confundir con la adrenalina más o menos barata que nos llega a través de los medios de comunicación.

Si no dispones de suficientes callos en los pies ni de un bolsillo repleto de monedas, pero sí de algo de tiempo y de ese hormigueo que te imposibilita quedarte tranquilo en la habitación, la mochila se convierte en una forma de viaje que podría estar a caballo entre el turismo y la aventura: eres turista para el habitante de Vientián y aventurero para el panadero del barrio. En ese relato, la mochila se transforma en una metáfora de la vida que uno quiere elegir, al menos si la enfrenta a la que se le impone. La vida que se nos impone es la que acostumbramos a llamar vida real, y de ella escapamos durante el viaje y, en ocasiones, durante la lectura o en el cine. Se trata de la que nos acosa por exceso de lo cotidiano, la que terminará por empujarnos a considerar que la aventura no debería ser otra cosa que un nuevo empeño por hallar reposo.

Y, sin embargo, parecemos estar debatiendo, una vez más, sobre los pocos tigres y las muchas ovejas que pueblan la piel del planeta. Hablamos de los sueños y de ponerse en marcha para realizar los sueños, de la turbia relación entre tigres y ovejas, de cómo definir el mundo real y la maldición que pesa sobre la palabra «realidad», como si la realidad fuera exclusiva de las ovejas.

«Lo imposible es solo una excusa para no rendirse», ha dicho el alpinista Simone Moro, que es un tigre. El problema es que un enfermo con marcapasos no podrá jamás subir al K2, por mucho que este sea su deseo. El sueño será imposible, pero ¿por qué deberíamos considerar una rendición esta renuncia?

El sentido de la aventura puede tener su sustrato en una insatisfacción, en la búsqueda de algo salvaje, de aquello que es sagrado en lo salvaje. Aunque ahora lo que se impone, al menos en los medios, es algo así como el imitador del aventurero, gente que ha evolucionado hacia la exhibición, con un tipo de insatisfacción que requiere reconocimiento. De ser así, de no existir el auténtico aventurero, la aventura sería ya un mito, una mirada que se aparta de la rutina y se enfoca en el pasado. La búsqueda de riesgo quedaría como espectáculo, que es la impresión que uno tiene si asiste a las proezas de los profesionales de las pruebas que organiza Red Bull.

En cierta ocasión conocí a una alpinista que intentaba coronar las catorce cumbres de más de ocho mil metros sin oxígeno. La gente de márquetin de Red Bull, me comentó, le había ofrecido formar parte de su cuadrilla, sufragándole todos los gastos de las expediciones, pero con una condición, que debía añadir más riesgo a su proyecto: bajar esquiando o en *snowboard,* saltar en parapente o con traje de alas..., lo que fuera. «Cumbre o muerte», fue la expresión de la muchacha para resumir las intenciones comerciales de la compañía de bebidas energéticas. Ahora sí, ahora es cuando tal vez convenga pensar en introducir la idea de estupidez vinculada a procesos de aventura o con aspecto de aventura.

Es posible que aparte de las tragedias de Shakespeare, estoy pensando sobre todo en *El rey Lear,* no se haya escrito el gran tratado sobre la estupidez humana. Uno puede llevarse las manos a la cabeza ante las tesituras en las que sobreviven el rey y su bufón, mientras piensa que las puñaladas políticas y las tormentas económicas son una realidad demasiado seria. Atribuimos a la realidad ser esencialmente seria, mientras que consideramos que cualquier exageración nos desmonta la cordura, a la que también atribuimos ser una cosa muy seria. Frente a esta cordura, el rey de Shakespeare sufre una consecuencia triste de la estupidez humana, que es la estupidez de los malvados.

Estos jóvenes que están en lo que los periódicos llaman aventura nos muestran, eso sí, que hay un camino distinto al del probo oficinista, y que nos sirve para soltar ese sustantivo: estupidez. Parece que subir a una gran cumbre con apenas la ropa necesaria, un hornillo y un sobre de sopa, en pleno invierno y en solitario, sea una proeza estúpida, porque creemos, desde nuestra mesa de despacho, que el tipo se está jugando la vida.

Pero ¿qué consideramos vida? Más allá de la mera necesidad biológica de que el corazón lata, lo que podría definir la vida como tal es el entusiasmo, sentir un dios dentro, que es una acepción que se corresponde a la etimología de la palabra, que proviene de las griegas *éndon* (dentro) y *teós* (dios). ¿Tiene esto algo que ver con vivir al límite, con dar la impresión de que a uno le importa más bien poco dejar de respirar? Yo me atrevería a decir que no. Los griegos atribuían entusiasmo a los poetas y a los enamorados. En ninguno de los dos casos hay algo de exilio voluntario, como sí parece haberlo entre los que se arriman al riesgo participando en las pruebas de Red Bull, que en varios casos bien podría tratarse de personas que se quieren alejar, que huyen de la sociedad voluntariamente, que intentan demostrar, innecesariamente, que son tigres y no ovejas. Y al convertir esa demostración en algo público, no dejan de comulgar con el espíritu de las ovejas.

Hace cien años escribió George Mallory, uno de los grandes iconos de la aventura, que a su juicio existían dos clases de escaladores: los que se plantean la escalada como una cuestión de honor y los que no se la plantean de ninguna manera particular. Honor y gloria, por un lado, frente al mapa genético por otro, aunque seguro que hay una escala de grises en medio.

Pero desde el sillón y el comedor de casa, lo único que osamos es debatir acerca de la estupidez, porque sea cual sea el espíritu de este aventurero, las imágenes nos devuelven lo mismo. Y nos atrevemos a censurar o admirar la aventura, pero no a repetirla, porque la condición humana nos empuja a vivir hacia fuera, a vivir para los demás y a través de los demás, y si nos largáramos, nos apartaríamos de aquello para lo que vivimos, nos sentiríamos solos, nos veríamos envueltos en una soledad enferma.

Todas las aventuras que nos han narrado versan sobre el mito de Prometeo. El aventurero se arroja al mar, a los hielos, al desierto, al aire o a las cumbres para robar el fuego de los dioses. A ese fuego le vamos a llamar «pasión», un deseo de sentir la vida hasta en las raíces de los dientes. Si decimos que ese fuego se lo robamos a los dioses, es porque así intentamos ser, como ellos, un poco más eternos, alejándonos de las torturas del cronómetro.

Intentar ese latrocinio es una locura, pues de conseguirlo sabemos que pasaremos la vida encadenados mientras un buitre nos roe el hígado. Si la aventura es un acto de rebelión, la sociedad esperará que los rebeldes den unas explicaciones de las que estamos exentos los demás, porque nos limitamos a utilizar etiquetas aceptadas de forma convencional. La espuma de los días no tiene la misma consistencia para quien sale a buscarse la vida que para quien aguarda a que la vida suceda. El debate debería concernir al valor emocional de las experiencias, aunque un rebelde vaya a la rebeldía por el mismo motivo por el que un manzano da manzanas.

La pasión es la cantidad máxima de locura que una persona puede contener y sacar de paseo. Será una tela de araña en el sistema nervioso y su recuerdo nos dejará la sensación dorada del sol de última hora de la tarde. Puede contener una cascada de adrenalina, pero también el sueño de una siesta de verano. Lo más importante es que la música con que resuene, impetuosa o ligera, sea la nuestra. Tampoco influye el hecho de que sea mejor o peor vista por la maldición de la conciencia social, porque la pasión no se entiende, la pasión se protagoniza. Hay que buscar una forma de vida que entone la misma música que llevamos dentro.

Lo contrario a la pasión, según Robert Byron, es la arrogancia. Por lo general se contrapone humildad a arrogancia y desidia a pasión, lo cual nos lleva a pensar que para Byron la arrogancia es desidia y la humildad ayuda a conocer la esencia de la que estamos hechos, nuestras pasiones. Si hay algo universal es la búsqueda de la felicidad, y debemos ser conscientes de que esta limita demasiadas veces con lo terrible, con el dolor, y que nos obliga a sobreponernos con humildad. De nuevo la humildad aparece entrelazada con la pasión. Su cómplice y rival —maldito contrasentido— será la razón. No existe la opción de modificar la pasión sin modificar la razón, ni de modificar la razón sin que se vea afectada la pasión, como no existe esa convencional diferencia, típica de los libros de texto, que separa forma y fondo.

Hace tiempo que tengo muy claro que no puedo vivir la ilusión en primera persona, pero sí me queda la opción de ejecutar el sueño a través de los demás. Al igual que el mejor escalador, que es aquel para quien el éxito consiste en tener un compañero de cuerda, pienso que allá donde vayas conviene hacerlo acompañado por el buen amigo, no junto al deportista más fuerte. El aventurero no será un tipo extravagante en un mundo cerrado, no estamos hablando de tipos que merecen ser venerados por haber encontrado alas y atreverse a usarlas, y que en consecuencia merecen ser más queridos, sino de alguien a quien apreciamos porque reconocemos en él un gran padre, un gran hijo, un gran marido, una gran mujer, un amigo estupendo al que hallamos sincero en lo que se refiere a vivir con los sueños.

Uno no puede evitar la sensación de que el presente, con sus materiales especializados y el desarrollo de tantas facilidades para el viaje, se encuentra con la melancolía de un tiempo en el que la aventura estaba siempre a pie de ruta, en el que para reconocer la aventura no era preciso afrontar proyectos tan inauditos como bajar a la fosa de las Marianas dentro de un batiscafo que parece una lata de refresco. Antes la aventura tenía relación con descubrir y ahora la tiene con la dificultad. Tal vez convendría cuestionarse si esta actitud se corresponde con nuestro verdadero anhelo de incertidumbre, ese que nos empuja a proceder siempre de modo que nos sintamos dueños de nuestros días.

Al protagonista de la *Eneida* la vida no le sale al paso, sino que corre tras ella y para saberse vivo recurre a la proeza: «Cuéntame, Musa, las causas; ofendido qué numen o dolida por qué la reina de los dioses a sufrir tantas penas empujó a un hombre de insigne piedad a hacer frente a tanta fatiga [...]. ¿Tan grande es la ira del corazón de los dioses?» Creo que fue Platón quien puso en boca de Sócrates afirmaciones acerca de que resulta imposible negar la existencia de los dioses cuando uno ha conocido las consecuencias de sus acciones, y estas consecuencias son el glaciar de Baltoro, el salar de Uyuni, la meseta de Pamir, el desierto de Gobi, el paso de Mustagh, el caudal del Amazonas, las tormentas oceánicas, los arrecifes del Pacífico. Pero también están las favelas, que en contraste con las inmensas y hermosísimas playas del Brasil hacen parecer a estas una farsa si uno es inquieto, si uno habla, como debería hablar el que viaja, a favor de los desfavorecidos, poniendo voz, para nosotros, a quienes no la tienen.

Que un castillo sea inexpugnable no quiere decir que no debamos intentar tomarlo al asalto. No estaría mal que quien se atreva a intentarlo tenga previamente en cuenta ciertas ideas que tienen que ver con la derrota: la primera, que puede existir más dignidad en el sudor que en la victoria; la segunda, que no hay ningún mal en aceptarla, siempre y cuando uno no abandone su nido, su sustrato ni su buen propósito, y la tercera, que la derrota no es grave si uno sabe cómo coquetear con ella, porque es posible invitarla a un baile.

Lo que cuenta es dar rienda suelta a la necesidad de enternecerse, aunque eso suponga daño. Para emocionarse hay que caminar, pues resulta posible vivir sin manos y sin ojos, pero no sin una ruta y sin compañeros. La hazaña de esta ilusión tan sencilla consiste en dormir, soñar, ser libres durante el sueño, despertar y seguir caminando mientras regresamos a eso que seguimos llamando realidad. Y, mientras tanto, vivir el camino a través de los detalles que nos salen al paso y que llenan nuestro tiempo, detalles que son insignificancias aparentes o exactitudes más o menos verosímiles. El camino de la aventura está en estos detalles y no en la glacial cartografía. Estos detalles determinan cómo reaccionamos en medio del diluvio de calamidades en que a veces se transforma el mundo.

«El único modo de que ocurra algo interesante es intentar algo difícil», sostiene Sophy Roberts en *Los últimos pianos de Siberia.* En buena medida, nos está pidiendo que nos hermanemos con los tigres, porque los tigres salen a cazar. «Todo se conjura para llevar la muerte a los hombres», escribió Virgilio, que cantaba a lo que había de humano en los hombres, a los rostros que reflejaban esa humanidad, donde los héroes, los locos y los dioses se llenaban de emociones que podían ser celestiales o satánicas. Virgilio cantaba, con sencillez, a los actos de heroísmo.

Podríamos proponer aquí la fórmula que utilizó el alpinista Lionel Terray para definir su vida, «la conquista de lo inútil», y debatir acerca de si ese ficticio egoísmo ha tenido repercusión en el progreso de la humanidad. Podríamos debatir acerca de si conocer los límites de lo humano también significa conocer lo humano. Podríamos hablar del agradecimiento que sentimos por iniciativas que nos permiten respirar un poco de oxígeno puro en un mundo donde escasean las oportunidades. Pero nuestra primera opción ahora es afirmar que la aventura, como dijo Santa Teresa refiriéndose a Dios, está entre los pucheros. Lo que valoramos es la sensibilidad, que es motor y manifiesto de pasión. Si uno es sensible, cualquier tierra le parecerá virgen cuando se enfrente a ella.

Un alpinista que asciende a una gran cumbre tiene que pasar por etapas cuyo enunciado nos resulta familiar en la vida diaria: la decisión, el esfuerzo, la culminación o la renuncia y, finalmente, el relato. En cuanto al tema del riesgo, uno puede afirmar que la hipocresía, el engreimiento, la falta de honestidad o la falsedad son mucho más peligrosas que el alpinismo. Y luego está todo eso de medirse con o contra uno mismo, que es un enredo romántico, porque supone una lucha a brazo partido para aceptarse a sí mismo, y la vida no debería ser tan violenta. El viaje, la aventura, se cimentará sobre algo tan simple como ser un entrometido, plantarnos allí donde creemos que apenas conocemos nada y ponernos como locos a buscar razones que justifiquen la propia vida y la de quienes cosen cada minuto de su tiempo a la sentencia de seguir respirando. En esa acción conoceremos el significado del miedo, el horror al vacío del futuro, la imposibilidad de negarnos nuestras propias debilidades y así justificar el incremento del coraje, o la presencia de los fantasmas que construyen nuestra memoria intoxicando decisiones.

A todo esto, cabe añadir que los especuladores rompieron el alma de muchos paisajes purísimos, donde nos hubiera gustado encontrar un hogar como el de la niñez. Pero no cabe rendirse. Porque los lugares, todos los lugares, son santos para demasiada gente, de ahí la necesidad que se tenía antiguamente de inventar un dios protector para cada hogar. Una vez perdida la santidad, hay que vigilar al falso aventurero, ese que pisa muy fuerte, esa alma muerta que carece del deseo de aprender y que no se encuentra en los espacios abiertos como en su casa, porque lo que le interesa es el protagonismo. «Quiero ver los bosques, quiero ser libre», se dice que fue la última expresión que escapó por la boca de Henry Morton Stanley.

Neocolonizar

Un militante de un pequeño grupo ecologista argentino me comentó durante un viaje a las regiones cautivas por el monocultivo de soja transgénica:

«El problema es tratar la tierra como si fuera industria minera».

Las plantas de soja se encargan de arrancar todos los nutrientes del suelo, hasta dejarlo convertido en un paraje lunar, como quien explota una veta de cuprita y llega a extenuarla para luego dejar el territorio abandonado.

Recuerdo a un periodista que investigaba los rastros de la esclavitud en los lugares de destino, casi todos americanos, y también algunos de África. Viajaba a los puertos desde los que zarpaban o a los que arribaban los barcos, y me habló de la sustracción de personas tratándolas, también, como quien explota una mina arrancándole al terreno toda la riqueza, arrancando a las personas de las aldeas como quien roba oro. No importaban las consecuencias sino el rendimiento inmediato. Detrás dejaban un territorio imposible de habitar: seco, horadado, muerto. Nos quedamos en el frío infierno extractivista.

Una periodista me preguntó hace poco si ese fenómeno, que podría extenderse a otras formas de explotación, como la pesca en alta mar, también se podría traducir a los viajes. Cada vez resulta más frecuente tener la impresión de pasearse por territorios sobrexplotados, donde sucede lo que me confesó un pescador en la costa de Kerala mientras veía a los mochileros hacer yoga en la playa:

«Hay dos tipos de yoga, el de verdad y el de turistas. Y el yoga de verdad ya no existe».

El viaje actual y su extensión, su despilfarro, nos remite con demasiada frecuencia a la sed de poder, disfrazada de sed de episodios llamativos y a veces de sed de conocimiento. Y esto es algo propio del eurocentrismo o del espíritu occidental: es una aventura llegar hasta donde vive otra gente desde hace generaciones, o conocer lo que ellos saben por el mero hecho de haber nacido allí. El viaje moderno nos vuelve a hablar, por tanto y de una forma demasiado extensa, de colonización, en la que uno puede calificar un suceso como anécdota, y este suceso es para el habitante del lugar otra cosa, tal vez supervivencia, tal vez hasta miseria.

El viajero desarrolla una relación vertical con el otro caracterizada por la desigualdad. Para que esta desigualdad tome forma, representa el lugar de destino de una manera bastante reducida. A África, por ejemplo, la imaginamos como fauna o como caridad, porque o vamos a ver leones o vamos como cooperantes. Los primeros saben que su traslado al lugar será efímero, un descanso; en tanto que los segundos intentarán integrarse y pensarán que el turista y el mochilero, y no ellos, forman parte de la nueva colonización, porque la colonización se caracteriza porque el colonizador tiene más dinero que el colonizado. Pero en el mundo del cooperante, y nos referimos al de las grandes organizaciones, también existen los vividores, la burocracia y las decisiones sin sentido. Nos venden esta actividad como una forma de vida piadosa, pero la piedad puede ser estupenda y también un sentimiento que no carece de riesgos: la piedad es lo que puede sentir el rico por su siervo.

He tenido en mis manos los documentos que certificaban el pago que hacía una de las grandes organizaciones no gubernamentales del mundo a sus trabajadores de Mozambique: dos dólares diarios en el mejor de los casos, mientras sus muchachos desplazados allí —españoles, americanos, portugueses— cobraban sueldos europeos y, eso sí, rellenaban millones de papeles que debían firmar las autoridades para dar fe de su trabajo.

He visto a los pescadores recibir una canoa de tres metros y luego teñirse con tinta el dedo para imprimir la huella doce veces en un taco inmenso de folios destinados a las oficinas centrales de la ONG y a las oficinas de quienes contribuían a los fondos solidarios: ayuntamientos, comunidades autónomas, ministerios.

He caminado entre miles y miles de tapas para inodoro turco fabricadas con cemento, a partir de un presupuesto cerrado, que no podían instalarse porque no había servicio de alcantarillado para aguas residuales en las aldeas, ni pozos ciegos ni nada parecido, y he hablado con los obreros que las producían: aseguraban que seguirían haciéndolas, y almacenándolas, mientras recibieran su salario de hambre.

Me han informado de muertes extrañas entre las familias de los trabajadores de una ONG, y cuando me interesé por ellas ante los administrativos de esa organización y les pregunté por qué no hablaban con la que estaba en el edificio contiguo, donde residía otra ONG, dedicada a la medicina, me respondieron que cada una se se empleaba en lo suyo. Y al día siguiente me enteré de que los cooperantes de ambas organizaciones se iban a pasar varios días de fiesta en un parque nacional, utilizando los vehículos todoterreno traídos de Europa, y que jamás sacaron a colación el tema de las muertes súbitas de sus propios trabajadores. Pero cualquier denuncia de estas prácticas caería en saco roto, porque ellos disponen de la leyenda, del relato, de la publicidad y del tamaño de unas memorias de actuación de millones de folios: un material que usarían para justificarse.

Y también he visto a miembros de pequeñas organizaciones que trabajaban en villas miseria intentando vaciar el océano con un cubo, convencidos de que quien salva una vida salva el mundo, y así conseguían salvar el mundo en muchas ocasiones, aunque solo fuera durante unos minutos, cada vez que rescataban a niños de morir ahogados por el gas del mechero que estaban metiéndose por la nariz. Y sé que muchos cooperantes se integran en cualquier organización para acudir a campos de refugiados, a lugares remotos, sin hacer ruido, para limpiar heridas y lágrimas, porque no pueden seguir viviendo sin contribuir a atenuar la injusticia.

La idea de patria no debería ser un concepto puramente geográfico, dado que atañe a los sentimientos. La noción de Estado sí pertenece a la geografía política, y la de país, probablemente, a la de geografía cultural, aunque este apunte reduzca demasiado y de manera fácil los conceptos. Uno puede razonar hasta deducir que el modelo de Estado en el que vive es el mejor posible o es miserable; y uno puede admirar o rechazar las manifestaciones culturales que caracterizan a una región y a su gente. Pero a lo que uno está dispuesto a querer como patria es a un territorio emocional que puede ser grande, pequeño o, por qué no, estar disperso por todo el espacio recorrido, ser una construcción personal y ser único. La verdadera patria del hombre es su infancia, dijo Rilke, a lo que debemos añadir aquello que le recordaba el coronel Dax a su superior en *Senderos de gloria,* reproduciendo las palabras de Samuel Johnson: «El patriotismo es el último refugio de los canallas». Ese patriotismo está muy lejos de la infancia, pero muy próximo a la geografía. Hablamos, entonces, de las cosas no tan importantes, pero sí cuantificables, que se incorporan a una región a través de la acción humana: la policía y los ejércitos, los notarios, las cárceles, los pasteles de boda, los nombres incorporados a los libros de texto, la recalificación de suelos y cualquier negocio más o menos redondo, entre otras muchas faenas.

Cuando hablamos de colonialismo o de neocolonialismo, estamos tratando acerca de los habitantes de una región —nación, país, Estado— que trasladan su modo de vida a otra, la imponen a los habitantes de otra, y estos padecen las consecuencias. Para que resulte más eficaz la aclaración de la idea, tal vez deberíamos utilizar las palabras «imperialismo» y «neoimperialismo», a pesar del carácter dramático que imprimen. La colonización ha provocado víctimas económicas y de sangre, y ha obligado a padecer dominios militares, de fuerza bruta.

Pero el relato que nos llega es con demasiada frecuencia eurocéntrico. Consiste en extrañarse de otras costumbres, muchas veces por el mero placer de extrañarse, con frecuencia por algo que podríamos llamar puro hedonismo aristocrático, de clase, oligarca, o por las ganas que tiene el que lo protagoniza de embriagarse con algo distinto al alcohol. Las excepciones son los casos en que el espíritu está más abierto, los casos en que somos críticos tanto con el destino como con el origen, cuando dejamos entrar libremente en nuestro ánimo todas las narraciones. Uno se siente tentado a apelar a la humildad, que es una buena forma de combatir este espíritu occidental tan predispuesto a las catalogaciones. La leyenda sugiere que lo propio del lado occidental del planeta es lo que marida con lo racional, y en consecuencia, al resto del mundo se le atribuye lo reñido con la razón. Sin embargo, Occidente se rinde adoptando ciertas aportaciones que vienen de allí, como las máscaras africanas que dieron pie al cubismo o las meditaciones de las religiones orientales que aquí se transforman, por ejemplo, en *mindfulness*.

El problema no es considerar que en un lado del planeta se produzca más maldad que en otro, cosa que negaremos. La maldad tiene que ver con las consecuencias de los actos de los individuos, y no tanto con las culturas. El problema es el fundamentalismo, la idiosincrasia que se transporta con estrategias integristas y que ahora lidera el mundo neoliberal. Y el mundo debería ser mucho más grande que eso. No debería consistir en la necesidad de que la colonización se justifique a sí misma, como sucede con frecuencia, y tema derribarse porque sienta que está construida sobre una farsa. Existe una estrecha relación entre las falsedades que se convierten en mitos y la división cultural. Y algo que llamaremos oligarquía étnica se preocupa de que se impongan sus falsedades, sus mitos.

Pero todo esto suena a denuncia tópica, a enfado. A la hora de la verdad, los relatos que nos interesan acostumbran a estar escritos por occidentales, porque son ellos los que disponen de tiempo para dedicarse a construir una narración. Y las visiones que más llaman nuestra atención son las de quien llega con una mirada casi virgen, en la que se impone el descubrimiento, el entusiasmo por el misterio: hablamos de quienes pretenden huir de un lugar al mismo tiempo que huyen hacia territorios sin definir, de quienes nos hablan de lo que dejan atrás y lo que creen que van a encontrar. Estos narradores se saben extranjeros, intrusos, y a pesar de ello no practican, o intentan no practicar, ningún tipo de colonialismo de divulgación cultural, el que con frecuencia es nuestro sustrato en cuanto partimos de casa, sobre el que se cimienta la neocolonización.

Vamos a intentar resumir el malestar que supone el viaje contemporáneo como forma de expansión neocolonial: uno desea que todo mejore, también lo de los demás, lo de los que le salen al encuentro, pero al mismo tiempo desea que nada cambie para así poder asistir al espectáculo del mundo. Uno necesita tener la sensación de que está alejándose de lo cotidiano, uno ruega para que lo ajeno, lo extraño, lo de otros lugares y otras razas permanezca igual, aunque esa igualdad suponga un atraso innecesario, para así poder sentir que él mejora.

Pero si uno viaja de verdad, con todo el aliento saliendo a bocanadas desde esa parte del alma que llamamos pulmones, deseará que la vida de los que no tuvieron su misma suerte, la de los que no pueden viajar, también mejore, avance en buena dirección, como consideramos que está avanzando la nuestra durante el viaje, que es otra de las formas de progreso de la civilización occidental. El problema es que, para que nosotros podamos ejercer el viaje, también exigiremos que el mundo permanezca dentro del espectro de lo que merece la pena fotografiar: lo extraño, lo hermoso, lo curioso, lo típico y expresivo, o, por utilizar de nuevo el adjetivo más odioso, lo pintoresco.

Viajar debería suponer odiarse a uno mismo, o al menos odiarse en ese momento: uno liquida lo que ama mientras lo intenta vivir. Entramos en contacto con lo desconocido y lo modificamos sin que nuestra intención sea estropear nada. Pero la modificación implica provocar que se parezca un poco más a nosotros. Deja, por tanto, de ser otro, o lo otro, aunque sea en un grado pequeño. Experimentar la otredad supone limar diferencias con ella. La otredad supone reconocer algo nuevo, y saber que lo que para uno es insólito para otro bien puede ser un hábito diario, y eso podría llegar a incluir hasta la promiscuidad y el parricidio. Denunciamos o delatamos el hábito, entre otros motivos porque no lo podemos aprehender totalmente, y nos resistimos a pensar que lo más adecuado sería no hablar de él.

La dificultad está en evitar ser protagonista de la aventura, que es lo opuesto a lo que esperamos del viaje: hacernos sentir que nuestros días nos pertenecen, borrando la impresión de navegar por un rumbo en el que la vida elige por nosotros constantemente. Al viajero puro le gustaría ceder el puesto de protagonista a los habitantes del lugar al que se dirige, porque sabe que su situación es provisional y la de ellos permanente, que lo que para él es una hazaña para los habitantes del lugar de destino es lo cotidiano. La consecuencia es un extrañamiento con las bisagras mal engrasadas que llevan a desear el superpoder de la invisibilidad.

Lo espinoso es asumir que viajar supone sentirse un intruso y aun así proceder al desplazamiento, adentrarse en ese pueblo de pescadores de una isla del Pacífico o montar en el tren que te lleva a Bulawayo en compañía de un bebé que nunca antes había visto a un *musungu*. Uno viaja hasta el norte para contemplar la aurora boreal, con todos sus prejuicios idílicos bien armados, y se encuentra con quienes no piensan en el autogobierno de la región donde ellos viven como forma ideal para solventar sus problemas, sino en huir lo más lejos posible de ese entorno frío y blanco.

No es buena costumbre hacer de la impresión propia un sentimiento universal, pero sospecho que yo no era el único que al llegar al aeropuerto con la mochila cargada y el billete de ida hacia Bolivia o Myanmar se otorgaba a sí mismo el derecho del explorador colonial, que consiste en que quien entra en un territorio puede interpretar las costumbres. En ese sentido, hasta la antropología es neocolonialismo. Se supone que dormir en un *ger* de una familia nómada en Mongolia te transforma en aventurero porque vives como vive el otro, y el otro es el raro, el sujeto de observación. De esta forma, uno se convierte en las anécdotas que le sucederán y que guardará en la caja de la memoria tal vez para narrarlas a la vuelta, tal vez por el mero hecho de sentir que algo deben de haberle transformado, que deberían haberle modificado para hacerle un poco más sabio, y la sabiduría debería ser algo sencillo, tan sencillo, lo hemos comentado antes, como aprender a separar el trigo de la paja y a dejar que las pequeñas cosas se las lleve el viento.

Tal vez se imponga algo de resistencia a dejarnos llevar por las emociones, causada por nuestra carga previa, por la certeza de saber que venimos del mejor lugar del mundo, y esto ocasiona un desencuentro, provoca que para vivir el espacio al que acudimos tengamos que hacer esfuerzos. Queremos ver reflejado el arrojo en nuestra experiencia, y sin embargo lo que se debería imponer es el extrañamiento: la vida no es más digna de amar porque se nos presente grande o peligrosa, sino porque no deja de sorprendernos, de salirse de lo que creíamos habitual, de mostrarse original. Si el otro nos ayuda a encontrar esa integridad, tal vez signifique que el sofá de la casa nos aleja de ella. De ahí que sintamos el impulso necesario para viajar, la búsqueda de ese extrañamiento, a pesar de la seguridad de saber que seremos intrusos.

La única forma de conciliarnos con esta idea es conseguir que los otros se conviertan en nuestros amigos, para que así dejen de ser sujetos que debemos interpretar. Simular ser uno de ellos es un ejercicio que supone renunciar a la mecánica de los desplazamientos más frecuentes en los viajes, los días contados y la velocidad para ver más lugares, para transformarse en algo más parecido a un peregrino.

Al rememorar el viaje, a uno le gustaría hablar más de gente que de naciones: su oficio, su dialecto, su hambre, su risa... Es posible que le parezcan románticos los panaderos, mientras le parecen absurdas las cifras de producción del Estado. Le entusiasmarán los encuentros personales y no renegará de ser subjetivo, porque padecerá emociones que tienen que ver con el humor, con los humores. Si ha conocido a buena gente, tendrá la convicción de que ellos serían buena gente siempre y en cualquier circunstancia. No nos resistimos a la tentación de llamar tribu a esa circunstancia.

Llamaremos tribu a la organización social en la que se coopera, frente a la de las grandes urbes y los grandes Estados, donde se compite. Puede que también se trate de una idealización neocolonial, pero en la tribu, entre la gente de la tribu, los derechos humanos son algo innato, mientras que en las sociedades avanzadas hemos de recurrir a las leyes. Aquí, en el Estado, un trastorno de estrés postraumático tras una experiencia salvaje debe ser combatido con productos químicos para reingresar a la sociedad; sin embargo, en la tribu serán la compañía y la amistad el bálsamo que precisa el sufriente.

Los principios de cooperación que definen esta moral los ha enunciado, por ejemplo, Sebastian Junger en *Tribu. Sobre vuelta a casa y pertenencia*. Si hemos leído bien el libro, Junger se refiere como tribu a la situación de contrato social en que el sentido de grupo sana, tal y como sucedía antes de que nuestra evolución social llevara a considerar los afectos como primitivos. Nos habla de la proximidad y el sentido de ser naturaleza, de vínculos humanos y con el entorno, de una forma de vida magnética en la que está presente el amor; habla de las comunidades de víctimas, como los indígenas americanos, donde el cooperativismo surge de forma instintiva. Colocaríamos aquí, por ejemplo, el contraste entre Bombay y Nueva Orleans durante las inundaciones, donde la moral de los afectados llevó a la gente a buscar diferentes soluciones de grupo: por un lado estuvo la cooperación y por otro la exigencia al Estado, por un lado la confianza en el vecino y por otro la resignación ante el terror.

El concepto de tribu puede estar presente en una ciudad de veinte millones de habitantes. Y uno se pregunta, a raíz de estas consideraciones, si la tribu existe solo en los lugares donde los niños caminan descalzos. Incluso si algo de esto tiene que ver con que uno considerara que el verdadero viaje es el que sucede donde los niños caminan descalzos y no donde uno se refugia por la tarde en un bar a escuchar jazz mientras toma un martini que le supone un desembolso de quince o treinta dólares. De una visita a Suiza uno puede regresar contento, pero de Laos se puede regresar con la sensación de querer meter al país entero dentro del propio hogar.

¿Qué es el mejor museo de arte contemporáneo frente al coraje de las muchachas asiáticas que cargan un bebé a la espalda mientras se dirigen a trabajar a los arrozales? De nuevo estamos hablando de la mirada colonial con el gesto algo estúpido de la caridad, porque la inocencia que admiramos no está separada del hambre. Estamos convencidos de estar reconociendo el orgullo de la pobreza cuando, tal vez, lo que tenemos frente a nosotros sean expresiones de orgullo herido y sean las heridas lo que nos atraiga. Mencionaremos, de nuevo, la palabra «dignidad», porque estamos frente a un tipo de orgullo herido que no conocíamos y que no puede dejar de afectarnos; estamos ante una identidad muy sencilla que bien desearíamos reconocer en nosotros, la de quien sabe que padeciendo hambre se mantiene en pie y sonríe.

Recuerdo haber leído que, de los cincuenta basureros más grandes del mundo, dieciocho están en África, diecisiete en Asia y trece en América Latina y el Caribe. Cuarenta y ocho basureros de los cincuenta. Hay quien habita alrededor de esos basureros. Tal vez no sea orgullo ni nobleza, pero es imposible negar que en esas lecciones de supervivencia no cabe nada semejante a la arrogancia.

De ser cierto que la proximidad hace el cariño, uno debe vigilar con cuidado dónde pone los pies, a quién da la mano, qué aire elige respirar, en qué paisajes prefiere posar la vista. La vida contemporánea ofrece un estupendo abanico de opciones directas de cuerpos y situaciones que ocasionan lesiones morales y distintas versiones de neurosis gracias, entre otros motivos, al alto voltaje urbano o a la ferocidad de los medios de comunicación. La alternativa sigue estando en lo que nos regala esa palabra antigua, que se ofuscó de tan mal uso como se ha hecho de ella: «pureza».

Pureza supone alejarnos de la maldad y de la insania. Con la pureza es con lo que deseamos entrar en contacto durante los viajes, con una vida reducida a lo sencillo y natural. Y, sin embargo, debemos compaginar este anhelo con las dificultades, en ocasiones enormes, que tenemos para comprender que otros sistemas de valores contengan tanta o más moral que el nuestro.

Habría que vigilar el grado de conciencia con el que se viaja, pues al viajar protagonizamos la aventura que hemos querido inventarnos, y eso debería permitirnos elegir si sufrimos infortunios o bromas de buen gusto. Pero, por encima de ello, deberíamos esmerarnos a la hora de hacer una lectura del lugar de destino. La posición más honesta, y también la más complicada, es la identificación con el habitante del territorio, bien sea para encontrar desidia o cordialidad, pesadumbre o decencia. Y recomiendo esquivar la actitud que convierte al viajero en un campeón, una pose acomodada y neocolonial. Uno debería cuestionarse si a los demás, a la gente del lugar y a los amigos a los que regresará, les interesa que él sea el actor principal del viaje, cuando el protagonismo tal vez deberían tenerlo los paisajes y los encuentros.

Es casi imposible no tener una visión neocolonial, como me achacó en cierta ocasión un editor que leía mi manuscrito sobre un viaje africano, pero sí podemos luchar por impedir la soberbia.

Las redes, maldita sea

Uno sueña constantemente con dos cucarachas que, tras la desaparición del hombre sobre el planeta, conversan acerca del tiempo en que los humanos creían tener cerebro. Eran unos tipos, comentan, que por aquel entonces se mataban por su religión o por el color del pelo, o por tener la nariz más larga o, lo más frecuente, por codicia.

Pienso en esa estampa cada vez que recuerdo el día en que me encontré una serie de retratos de gente que había viajado a uno de los rincones más emblemáticos del planeta y se fotografiaba, sin dejar de sonreír con toda la energía, frente a la entrada del lugar: parejas abrazadas con las mejillas pegadas, muchachos levantando el dedo pulgar con el brazo estirado, grupos señalando el cartel enclavado en lo alto en pose festiva, personas con la boca muy abierta, tanto como para poder contarles las caries, en una falsa expresión de asombro, alguien en pose de autoestopista, personas riendo como se ríe cuando se triunfa, colocando los brazos en posición de victoria o a punto de brincar. Lo hemos hecho, parecían decir todos ellos, hemos llegado hasta esta meca, hasta este icono, hemos vencido a todo y a todos, somos los mejores y podemos alardear de ello, por eso nos exhibimos.

La paradoja, por utilizar un término suave, estaba en que el enclave en cuestión, la meta, era el acceso al campo de concentración de Auschwitz. Las expresiones de euforia tenían lugar bajo el cartel de entrada, esos aceros forjados en los que se lee *ARBEIT MACHT FREI,* «El trabajo os hará libres».

No se me ocurrió ni una sola idea noble, no padecí ni una sola emoción decente. Nada me parece más lejos del camino del saber ni del camino de los buenos sentimientos que ostentar alegría allí donde se impuso la muerte, el horror, lo siniestro. Uno puede no ser partidario de guardar un silencio obligado en las iglesias, pero alcanzar la linde del lugar donde se asesinó a un millón cien mil personas se me antoja buen motivo para ser discreto, sigiloso, reservado y hasta amargo y triste.

La serie de fotografías, recuerdo, estaba sacada de instantáneas publicadas en Instagram.

Hubo un tiempo en que uno vivía y luego compartía su vida en las redes sociales. Ahora la vida sucede ahí, dentro de las redes. Si uno es un poco desconsiderado y pega la oreja a las conversaciones en bares y transporte público, muchas de las cuales suceden a través del teléfono móvil, escuchará con frecuencia cómo alguien le contestó a no sé quién, a través de tal aplicación, con tal o cual expresión de ingenio, respuestas que suceden a supuestos atrevimientos que tienen lugar *online,* en alguna red social, o que tal publicación ha tenido no sé cuántos *likes,* lo cual demuestra que uno no puede estar equivocándose.

Que la vida se está convirtiendo en lo que sucede en la red lo demuestra la dependencia que tenemos de Google Maps a la hora de desplazarnos, las páginas de citas que están facilitando el setenta por ciento de las nuevas parejas en mayores de cuarenta años, los bailes que reproducen los adolescentes en TikTok, el riesgo del metaverso, Spotify, el ChatGPT, las plataformas de televisión con esa cantidad de series imposible de enumerar, el pensamiento jíbaro al que nos acostumbra Twitter, que es el lugar donde hasta se da el pésame, o la búsqueda de trabajo a través de LinkedIn. Todo esto está condicionando nuestra atención y nuestra percepción, y percibir es, en buena medida, ser.

La construcción de quienes somos pasa, en primer lugar, por la percepción, por nuestra forma de mirar, oír, oler, tocar, husmear. Solo mirar y oír trascienden a ese espacio indeterminado que son las redes sociales: el tacto es imposible y por tanto es imposible el frío, el calor o la caricia que demuestra que el tacto es el más potente de los cinco sentidos. Ese lugar, la casa de los algoritmos, debe estar lejos, o al menos es más difícil de alcanzar que el mismísimo Auschwitz, pues nadie ha colgado imágenes frente a los servidores que guardan la información. Y, sin embargo, ese lugar se apodera de nuestra aura y nuestros proyectos. Las verdaderas antípodas han pasado a ser los vecinos, las flores que regamos un día a la semana, mi propia cocina.

¿Dónde ocurren las cosas? En cualquier lugar menos aquí, en cualquier instante futuro, pues colgamos los mensajes en las redes para que la gente los vea, lea o escuche más adelante, pero queremos que los resultados, la aprobación, suceda ahora. Estas contradicciones, no hace falta decirlo, generan angustia, que es el verdadero antónimo de la belleza.

De la visita a estos lugares virtuales uno sale con la idea reforzada de que el estilo literario más profundo es el silencio, y con la intuición de que existe algún lazo entre el fenómeno de las redes sociales y la soledad enferma. Las redes sociales generan una ilusión real, sin que exista una contradicción de términos. Ha sido Olivia Laing, en su ensayo *La ciudad solitaria,* quien mejor lo ha expresado:

> «La soledad es personal y es también política. La soledad es colectiva: es una ciudad. En cuanto a cómo habitarla, no hay reglas y tampoco ninguna necesidad de sentir vergüenza; lo que hay que hacer es recordar que la persecución de la felicidad individual no está por encima de nuestras obligaciones para con los demás ni nos exime de ellas. Estamos juntos en esta acumulación de cicatrices, en este mundo de objetos, en este refugio físico y temporal que con frecuencia se parece al infierno. Lo importante es la bondad; lo importante es la solidaridad. Lo importante es que estemos alerta

> y abiertos, porque si algo hemos aprendido de lo ocurrido en el pasado es que el tiempo de los sentimientos no durará demasiado».

La soledad, entendida como aislamiento físico y desvinculación social, nos ha podido llevar a Twitter, a Facebook, a Instagram y a TikTok, a la idea de que las visualizaciones numerosas son lo mejor que nos puede pasar en la vida, para compensar esa acumulación de cicatrices de la que nos habla Laing, y para compensar, maldita sea, ese tiempo de los sentimientos que parece haberse agotado dentro de muchos cuerpos. Uno lamenta que la soledad no lleve con más frecuencia a la poesía, que se está convirtiendo en lo contrario de las redes sociales. Uno lamenta que la soledad no nos lleve a la clase de desasosiego que sentía Pessoa:

> «No me indigno, porque la indignación es cosa de los fuertes; no me resigno, porque la resignación es cosa de los nobles; no me callo, porque el silencio es cosa de los grandes. Yo no soy ni fuerte, ni noble, ni grande. Sufro y sueño. Me quejo por ser débil y, porque soy artista, me entretengo en tejer mis quejas de modo musical y en organizar mis sueños como mejor me parece mi idea de encontrarlos hermosos».

Hubo un tiempo en el que los españoles que salían de este país comentaban, con el aplomo de quien sentencia algo inevitable, que no hay nada mejor que la tortilla de patatas. Todavía elegían sobre todo destinos europeos, museos, castillos e iglesias, antes que culturas extrañas, porque en esos salvajes lugares del mundo podría suceder algo malo. «Como en España no se vive en ningún sitio», repetían mostrando los dientes, mientras se disponían a comer rosbif con guisantes, espaguetis a la boloñesa o una *vichyssoise* fría. A continuación procedían a enunciar las grandes aportaciones de España a la historia del mundo: la charla en la barra del bar, el vino de Rioja, la enciclopedia Espasa, la Transición y lo que se conoce como concordia, el sol de las playas del sur, las copas de Europa del Real Madrid y hasta las corridas de toros, antes de volver a la charla en la barra del bar.

Ese otoño, por fortuna, va quedando atrás. Se ha sustituido por otra forma de presumir, que no es la de certificar que lo nuestro es lo mejor, sino que nosotros somos los mejores —y ese nosotros es en realidad singular, es yo, el autor de la foto y del comentario—, porque nos hemos fotografiado delante de la Gran Muralla y de los Guerreros de Xi'an en días consecutivos, porque tenemos una anécdota muy graciosa que narrar en Facebook acerca del sarasa de la Quinta Avenida que nos atendió mientras comprábamos un bolso de Gucci a mitad de precio, porque tuvimos la osadía de comer cuscús en un puesto poco higiénico de la medina de Marrakech. Poco importa si el guía que nos asignaron nos llevaba del hotel al autobús, todo climatizado, y del autobús al hotel. Tal vez lo único auténtico que pudimos ver fue un pollino muerto de hambre cargando con dos cestas de grava, cuya estampa presenciada a través del cristal del autobús tenía mucho de aspecto cinematográfico. Lamentaremos que la fotografía no la podamos colgar en Instagram porque salió demasiado borrosa.

Hemos mencionado presumir y creernos los mejores, como antes hablamos de alardear como el verbo que caracteriza nuestra actuación en redes sociales. El narcisismo no cesa de generar problemas, por exceso o por defecto. El narcisismo mal afinado se gesta sobre los conceptos que comienzan por el prefijo «ego»: egolatría, egocentrismo, egoísmo o egotismo, sobre todo egotismo, el afán de hablar de uno mismo por encima de todo. El narcisismo sin ajustes nos puede invitar a creer que tenemos el control, y eso implicará que nos neuroticemos. Deberíamos ser sinceros y reconocer que no hay posibilidad de dominar nada de lo que nos ha rodeado, rodea y rodeará. La sinceridad, todos lo sabemos, es un valor escaso. Y esto nos deja con una idea amarga acerca del viaje divulgado a través de las redes, porque no hay ninguna posibilidad de sabiduría en el egoísmo. Ninguna.

El turista que visita una ciudad como Roma, o el Taj Mahal, se olvida de la carne humana y se limita a quedarse con el mármol. Un selfi con el templo de Angkor Wat al fondo no es viajar a Camboya. El problema de olvidarse de la carne humana, tanto en casa como en los viajes, es que uno también se olvida del alma. Uno no puede obviar esa metáfora de la eucaristía católica cuando se dice que Jesucristo invita a comer el pan que representa su carne pero lo que está haciendo es compartir el alma.

Alojado en un hotel al fondo de un callejón de Siem Reap, la ciudad desde la que se visitan los templos de Angkor, cada vez que entraba o salía pasaba frente a un prostíbulo en el que las mujeres se asomaban de vez en cuando a las calles principales, limitándose a mirar el tráfico desde la esquina. Se vestían de corto, y con un bolso en bandolera caminaban unos pocos pasos entre las sombras y el cerco de luz de membrillo que escapaba de la única farola del callejón, como dudando de su belleza, como si no estuvieran convencidas de ser lo bastante atractivas para pescar clientes. La quinta noche que dormí allí, sentado en las escaleras del hotel en charla informal con uno de sus empleados, vimos cómo dos de ellas salían de la oscuridad para colocarse bajo el cono de luz marchita que emitía la farola solitaria. Se estiraban las minifaldas de cuero, para que no se les pudiera ver el pico de las bragas, y se sujetaban con firmeza el bolso al hombro, como si fuera su tabla de náufrago. Le apunté a mi acompañante que una era demasiado joven, que no la había visto antes y que no creía que superara los quince años.

—Menos —respondió el empleado del hotel—. Tendrá doce—.

Comer la carne, comer el pan, comer el alma.

El empleado, un tipo pequeño y prudente, al ver que intentaba incorporarme, me pidió que no diera aviso a la Policía, pues ellos son parte del tráfico humano. Me explicó que no había nada que hacer en esa contracultura. Comentó que él las veía así de jóvenes con frecuencia y que venían de aldeas como las que yo había ido a visitar en días anteriores, y me pidió que no me acercara a charlar con ella, que dejara las cosas como estaban, que no lo metiera en problemas. No supe qué hacer y, aunque no fumo, pedí un cigarrillo, que encendí para tener algo entre los dedos. Tragué el humo porque quería tener un motivo concreto e idiota para sentirme mal, por no ser lo bastante fuerte para rebelarme como requería la ocasión.

El viaje debería ser una forma de rebeldía, pero en las redes sociales pasa a ser un instrumento de rentabilidad, una rentabilidad que tiene que ver con la vanagloria. Hay quien tiene el temple de crear mundos durante el viaje, o al menos el temple necesario para regenerar el que conoce, el que heredó, el que le ha sido narrado. Pensar que no encontraste el santo grial que creías que ibas a localizar, pero que en su lugar descubriste un secreto más humilde, es otra forma de rebeldía. Como en toda rebeldía, lo que cuenta es no sentirse satisfecho, no ser protagonista de tu propia vanidad ni antes ni después del viaje.

Existe un territorio en el que lo más salvaje es el grupo de jóvenes que se reúne para practicar la costumbre, la farsa, no sé si la tragedia o la comedia, del botellón. Ahí el teléfono móvil puede llegar a ser gobernante, consejero y ejecutor. Posiblemente sea la última gran incorporación al rechazo a ser naturaleza. ¿Cuándo dejamos de ser salvajes en el sentido más etimológico del término? *Silvaticus* significa 'lo propio del bosque'.

¿Por qué elegimos separarnos de lo salvaje para considerar que eso que llamamos civilización, que es una construcción urbana y ahora también algorítmica, es la mejor de las opciones? Lo que hemos creado —edificios, carreteras, tráfico de datos— contribuye a la neurosis de la vida contemporánea. Los árboles crean bosque; los metadatos, desencuentros. Hemos aprendido a sobrevivir gracias a la química, al lorazepam, mientras nos criamos enfangados en la materia de lo que llamamos tiempo, que es algo tan matemático como la suma de segundos, que es otra construcción de la civilización.

Solemos creer que el tiempo es una entidad objetiva, una dimensión. En realidad, el tiempo no es nada semejante a una dimensión. A la hora de la verdad, se parece más a un sentimiento. Los relojes y los calendarios tratan sobre ellos mismos, no acerca de lo que somos, que es una combinación de las ilusiones y de lo que hemos dejado por el camino. Para darnos cuenta de que el tiempo no es cuantificable, basta con la experiencia de recordar. Sobre los recuerdos construiremos los deseos y los lugares a los que queremos ir.

La eternidad no es la suma de segundos hasta llegar al infinito, sino la ausencia de ese tiempo que hemos creado, el medible, el de los relojes, el de los horarios, el que nos dicta que nuestros días se acaban, el que no es natural, no es salvaje, no es lo propio del bosque y que tal vez por eso trastorna.

La fugacidad es una de las características que con más frecuencia adjudicamos a los sucesos, y la connotación de fugaz vuelve a estar relacionada con el tiempo. No todo lo que somos puede rellenarse a través de la fugacidad de un encuentro, de la fugacidad de un entretenimiento, de la fugacidad de alguna de las alternativas, que se cuentan por millones, que nos facilita internet. Lo que sucede en las pantallas tiene, a la fuerza, que ser fugaz para que podamos seguir buscando estímulos en ese ambiente digital. Crear la vida en las pantallas supone, si uno consigue desprenderse del entretenimiento, ser a la vez telespectador de la propia vida. Es algo así como el amor enredándose en la destrucción del amor, es volver al adagio de Oscar Wilde, cuando escribió en la *Balada de la Cárcel de Reading* aquello de que todo hombre mata lo que ama. Es un mundo imperfecto, la creación de un mundo imperfecto. Dentro de él, viajar, como casi cualquier otro acto, se convierte en algo inocuo y banal, se equipara a matar marcianitos en un videojuego. ¿Cómo podremos vivir el viaje para que no suceda como otra forma de mentira, como otra farsa?

«Si todos llegáramos a contemplar nuestros productos de consumo como herramientas que nos ayuden a vivir nuestra vida real, en lugar de meros sustitutos de esa vida real, necesitaríamos muchas menos cosas para ser felices. Y conservaríamos durante más tiempo las que ya tenemos», declara Naomi Klein.

Las aplicaciones de móviles, incluidas las de las redes sociales, extienden los tópicos que siempre han reflejado las estampas. La decepción debería ser universal al darnos cuenta de que las leyendas que con tanto esfuerzo y tanta admiración habíamos ido construyendo se hacen pedazos: lo que desearemos no será viajar, sino haber viajado. No será masticar un pescado condimentadísimo en un mercado de Tailandia, sino divulgar la fotografía de nuestros dientes sobre la piel del pez muerto.

Uno siente la tentación de afirmar que el viaje debería ser algo que sucede en secreto. Debería ser transparente, pero secreto. Tal vez esa tentación surja al comprobar cómo el mundo privado se autoconsume en la red, donde es imposible defender el secreto.

El viajero quiere interpretar el mundo a partir de algo que, a falta de una expresión mejor, llamaremos «conciencia planetaria», y que se trata de un espíritu en perpetua formación. Cuando uno está aprendiendo, acostumbra a estar más tiempo callado que hablando. Va cargándose de secretos. A riesgo de parecer cursis, diremos que viaja con los sentidos, que de su experiencia lo que concluye son sentimientos. Será sensible y sentirá sosiego, algo difícil de compaginar con la idea de enumerar las veces que se comparte una publicación en redes. Cualquier competición por incrementar una cifra de *likes* tendrá más relación con el deporte que con el viaje.

Conviene presentarse siempre como un novato en la rueda del mundo para dar por supuesto que uno sigue conservando el anhelo de encontrar la verdad. Damos por supuesto que la verdad es lo que cree la mayoría de la gente en el mundo del colonizador, que la verdad está en la integración dentro de un sistema, el que divulgan los medios de comunicación. La verdad, sin embargo, está enredada con la imaginación. Existen muchas cosas que no hemos visto nunca y sería tonto pensar que el mundo solo es lo que uno ve. Para creer en lo que no se ha visto conviene poner al día la imaginación, que tiene por buena función la de hacer del mundo un lugar más grande, más amable, más completo, más acogedor.

Instagram impide romper lazos con la parte del mundo que consideramos propia, con nuestra rutina, pues nos aleja de la sensación de encontrarnos con algo ajeno, que es lo que pretendemos conseguir a través del viaje. No cabe mucha imaginación, porque el propósito es otro, algo así como confirmar que yo también he paseado por el territorio de los extrarradios de Bombay, donde miles de personas defecan en cualquier sitio. O que asistí a un combate de lucha libre femenina en El Alto, donde las guerreras pelean con atuendos del altiplano boliviano. O que doy fe de mi paso por Kuala Lumpur, una ciberurbe llena de chatarra tecnológica y lucecitas, donde se simula bienestar con detalles superficiales que, a la hora de la verdad, transmiten una sensación de fracaso en el intento de salir del pantano de la miseria. Uno puede cuestionarse, pues, si no estará participando de algo que podría llamarse turismo de pobreza, y si eso no deja de ser una grosería.

Lo que nos gustaría es que el viaje no fuera una simulación, limpiarlo de todo lo que no importa, evitar la tentación de ser unos presumidos. Evitar, en la medida de lo posible, eso que conocemos como codicia y que es lo que movería la condición humana de no existir una fuerza superior, la que conocemos como miedo. Sin embargo, en tanto seres sociales, y las redes nos multiplican como tales, el miedo pasa a un segundo plano, y así la gasolina de este vehículo superpoblado en el que viajamos está cargada de codicia y de presunción.

Jung atribuiría este octanaje a miedos: miedo a no ser nadie, a no tener la razón, e incluso, y con permiso de Erich Fromm, miedo a ser libres. Nuevas necesidades generan nuevas angustias, nos advierte Fromm, que incide constantemente en que una libertad positiva implica estar en conexión con aquellos con los que se comparte el mundo. Y advierte contra la incorporación a nuestras creencias de los pensamientos sociales, hasta el punto de convencernos de que se trata de razonamientos propios, cuando lo que terminan por generar esos pensamientos es la ansiedad, la conciencia de insignificancia, la resignación.

Es posible que el verbo que más caracteriza al viaje, el que no cesa de salirnos al paso, sea «observar». Mientras uno se enfrasca en la observación, debería poner en práctica la actividad propia del ser sensible, pues la moral también es una travesía, es activa: implica atención e inteligencia.

Siempre me ha molestado sacar la cámara de fotos porque durante unos segundos me obligaba a ver a través de un cristal. No me imagino por las calles de Luang Prabang buscando una red wifi; siempre entendí que la distancia que suponía alejarme de mi lugar de residencia me aseguraba que toparía con la sensación de no necesitar casi nada, apenas lo que cabía en la mochila escolar con la que aprendí a viajar, para estar bien. Digo esto para que se conozcan los principios sobre los que se asientan las ideas de quien sostiene que un planeta que se está construyendo a base de idiomas reducidos a 280 caracteres se aleja de la Ilustración. Uno puede encontrarse allí con el ingenio, pero raramente supondrán una reflexión profunda, una elaboración emocional. Si al partir nos olvidáramos el teléfono en casa, podríamos acercarnos un poco más a la biosfera, al contacto humano, al paisaje, a la respiración, a la intimidad de las cosas y los momentos, a lo que constituye, creo, los beneficios del viaje.

Contra el empuje de las redes, podríamos recomendar conservar el nombre propio que tienen, o pueden tener si se lo atribuimos, cada una de nuestras pequeñas posesiones, desde el barquito de papel a las flores de la maceta. Nada más necesario que regresar a la intimidad, a la vida privada, a la sustancia de las relaciones. No será preciso defender el bien privado, la posesión particular, porque bastaría con el valor que nace al nombrar lo que tenemos y, sobre todo, a conocer a la gente por su nombre y por el nombre de sus naturalezas.

Volar por dinero

En la escuela de la sabiduría no se arrancan las raíces que nos unen a lo bello ni a lo triste. En esa escuela existen más nebulosas que certezas y el razonamiento no es el vehículo al que uno se sube para imponer sus opiniones en el diálogo, ni tampoco en el discurso. Lo único que podemos dar casi por seguro es que hay que dejar fuera cualquier contacto con la estupidez, que se define por rasgos como el horror o la rabia, que son las hermanas asimétricas y antónimas de la belleza y la tristeza. El horror y la rabia son también el rasgo del tipo de locos a los que desearíamos prohibir viajar.

Fuera polémicas: en este mundo chingón, que diría Eduardo Galeano, todos somos mayorcitos y cada uno sabe o debería saber lo que hace. Si no lo sabe, tal vez sea porque no está cuerdo y debería revisar esa locura, no vaya a ser la propia del que siente horror y rabia, la propia del que odia. Entre esta gente el egoísmo es patológico. El listón a partir del cual el egoísmo puede considerarse una enfermedad se sitúa en el punto donde empieza a perjudicar a los demás. Hay que distinguir de qué color es el narcisismo de cada forma de egoísmo y cómo afecta a quienes nos quieren y a los desconocidos. Egoísta es arrancar todo el sustento de la tierra, como en las explotaciones minerales, hasta agotar las vetas.

¿Es así como se comporta también el turismo? Sí, ese es el efecto de la universalización del viaje, que ha convertido lo que debería ser una experiencia que nos midiera con los obstáculos, de la que saldríamos un poco mejores, en un problema. La explotación, haber encontrado las formas de facilitar el viaje, liquida esos otros nutrientes que son la identidad o la cultura, y que podrían estudiar antropólogos o revelar exploradores como Richard Burton, y en su lugar deja apenas cáscaras, apariencias, aspectos, que nos recuerdan lo que debió ser, lo que ojalá hubiéramos presenciado. Ahora siempre tenemos la sensación de que llegamos demasiado tarde a todos los sitios.

Cualquiera puede elegir tostarse al sol en Waikiki sintiendo el regodeo del jolgorio sin diluir o largarse a un lugar maldito, y luego ponderar si la experiencia le ha cambiado la vida y preguntarse si este cambio es un trofeo, y si concluye que lo es, ponderar con qué material se ha fabricado. Pero también dentro del mismo destino cualquiera puede llevar las dudas consigo: puede pasear entre las muchedumbres de Tánger o de Maputo y preguntarse si esa gente son personajes extravagantes o luchadores. Se trata de cargar con una pequeña dosis de mirada poética, la del que está dispuesto a descubrir un rastro digno en el gesto más pequeño, en la voz de quienes carecen de ella.

Deberíamos hacer un ejercicio espiritual, ese que consiste en transformar nuestras entrañas en gas, para que las emociones no nos confundan, antes de intentar conocer el mundo de primera mano. Suena a libro de autoayuda, pero ese atrevimiento solo es comparable al de atreverse a conocerse a uno mismo. El viaje debería formar conciencia, o al menos una cantidad de conciencia en la que quepan principios no fundamentados en lugares comunes. Creo que es poco frecuente encontrarse a turistas que se desplacen intentando configurar algo que, a falta de una palabra menos gastada por el uso, llamaremos alma. El viaje del turista lo deja estancado a su regreso, porque seguirá siendo el mismo, y en lo que se refiere a madurar, estancarse equivale a hacerse cada día más pequeño. ¿Qué significado dan esos movimientos a su vida?

El viaje, no soy el primero en sostenerlo, es algo muy distinto a la incomunicación de un programa de visitas o a tostarse al sol en Waikiki. Merece la pena encontrar la pequeña dicha en medio de un mundo que agoniza, explotado como se explota el cobre de una mina, aunque eso suponga tropezarse con algo distinto a la historia que nos contaron.

Todos hemos talado árboles para a continuación echar de menos el bosque. Ejecutamos la tala con entusiasmo, como si estuviéramos forjando lo que serían grandes recuerdos. Pero al final de lo que se trata es de recapitular el camino recorrido, y no de coleccionar impresiones, que es lo propio del turismo. El turista no busca nada de sí mismo ni del mundo, pues solo pretende olvidarse de todo durante un buen rato, solo busca la diversión, presumir de haberse divertido. No deberíamos empeñarnos en distinguir al viajero del turista, sino al viajero del presumido. Lo que pudo haber de belleza o de tristeza en el viaje del presumido se transforma en algo más bien sórdido, como las plantas marchitas, como el cadáver de una gacela.

Quien hoy quiere huir del aquí y del ahora, aseverando que vive en un maldito estercolero, si se lo puede permitir se paga una visita a la Ruta de la Seda. En veinte días atraviesa, a la velocidad con que avanza el fuego en un reguero de pólvora, el espacio que separa Estambul de Pekín. En esas pocas jornadas apenas dispone de espacios en los que quedarse dentro del aroma a especias de los mercados asiáticos. Los tempos en esta ruta están muy medidos y las agencias de viaje evitan cualquier improvisación, porque si los clientes se enfadaran al toparse con algo accidental les costaría mantener la cuota de mercado. De esta forma, quien se larga pretendiendo evadirse de ese enemigo al que llama realidad lo que hace es participar muy activamente en ella, pues nada hay más propio de la realidad que el orden.

Resulta complicado deshacerse de esa seriedad propia del hombre realista que rige buena parte de nuestras vidas, la que conocemos como orden. Como buenos realistas, nos resistimos a que cualquier cosa escape de nuestro control y, en consecuencia, luchamos para que permanezca el orden. Si alguien quiere volver a emitir un epigrama que resuma la idea que distingue al turista del viajero, tal vez debería plantearse por qué necesitamos reivindicar el caos frente al orden, ese caos al que tampoco hay que temer, pues no se trata de una hidra de siete cabezas.

Hubo un tiempo en el que la palabra «turismo» estaba reservada a los aristócratas que visitaban algún balneario. Los que viajaban, por su parte, corrían riesgos. Hoy todo parece haber evolucionado a una farsa de civilización, de ciudades, de playas y montes, que ya no son los que uno quisiera haber conocido. Todavía quedan melancólicos que lamentan constantemente ese atributo que hace que cualquier viaje sea turismo: el que llega a un lugar tiene más dinero que quienes residen allí, que el camarero, que el guía, que el recepcionista. A este malestar cabe añadir que hasta al más sereno y espartano de los viajeros le incomoda no poder camuflarse, ser siempre un *musungu* en Uganda, ser un turista blanco en Kampala.

Annemarie Schwarzenbach, ese ángel desolado que escribió *El valle feliz* y *Muerte en Persia,* ya hablaba en los años treinta y cuarenta de un Occidente en decadencia, de un lugar que ha perdido la cultura, la hospitalidad, lo sincero; se refería a Occidente como un modelo fracasado que tendían a imitar las sociedades que visitaba. Y ella entraba al viaje a través de la pobreza, que significaba desaliento, sobrenadar en la tormenta, que era como sentía ella su forma de vivir. Schwarzenbach se detiene en lo que los turistas calificarían de atractivo y extravagante y, sin embargo, reconoce lo humano allí donde otros se limitarían a disparar varias fotografías. Su viaje es interior, la dificultad interior, y no los acontecimientos.

Por culpa de la competición y lo comercial —y el turismo tiene mucho de competición y todo de comercial—, Gaia se está pudriendo. Además, hay que cumplir las expectativas: si vas a Kenia tienes que ver leones, si vas al mar Rojo tienes que iniciarte en el submarinismo. Esta forma de viaje tiene mucho de gremial. No se trata de que el turismo sea una vulgaridad, porque existen motivos para no maldecirlo, pero sí es, sencillamente, el descanso durante los años en que somos hombres grises.

Es posible que la diferencia que existe entre el turista y el viajero se asemeje a la que distingue la verdad científica de la verdad poética. El turista describe el mundo, que es un oficio similar al que ejerce la ciencia, confundiendo descripción con explicación. El viajero se pierde, o se perdía, viéndose abocado a cierta desorientación, pues será la propia pérdida la que nos salve, pues gracias a ella podremos sentir cierta entidad como personas, como protagonistas de nuestro relato.

Espacio partido por tiempo

Si durante un tiempo lo suficientemente largo deja de preocuparnos el dinero, entonces percibimos algo así como que nos sentimos más sencillos. Sobre las trazas de asfalto en que se mueve la mayor parte de la existencia, y entre las paredes de los edificios enfermos, al volante o vendiendo por teléfono, hemos estado inmersos en un estilo de vida donde priman los beneficios, donde las filias y las fobias, y hasta las adiciones, las marca el mercado. Y ahí dentro se sufre mucho.

Para combatir ese malestar, podemos comenzar a creer en la hipótesis de Gaia, ese dictado según el cual toda forma de vida es parte de una más fuerte, la tierra. Y la tierra es una idea que pertenece al instinto. Frente a ella, está la máquina de hacer y conservar dinero con el raciocinio. El espíritu de Gaia está hecho a escala humana, no a escala divina ni científica: hablamos del *mythos,* no del *logos.*

Nos han hecho creer que nuestro estado larvario es esta neurosis excesiva, y hemos sido tan absurdos como para comulgar con la enfermedad sin cuestionarnos que tiene su origen en la pérdida de encuentros con el medioambiente. En las ciudades, sobre todo en las grandes ciudades que son el modelo que se imita hasta en las aldeas, no hay nada que entender: lo que sucede —simplemente sucede— es alteración, un mal que consume la poca energía que nos queda. Hasta la alegría y la tristeza son neuróticas, porque no suelen ser efecto de lo bello. Miramos con envidia a los amigos del cielo que intentan olvidarse de la tiranía del tiempo, de la velocidad, del dinero, porque no somos conscientes de que a lo que más se parece la vida es al vacío, porque la queremos llena de segundos, de minutos, de días, cuando, en realidad, podemos llenar la vida de lo que queramos. Esa forma de querer significa estar abierto al aprendizaje y ser conscientes de las propias limitaciones. El propio Xavier de Maistre se dio cuenta viajando dentro de una única habitación.

> «La espera vacía nos llena de significados. No ver nunca nada plantearía otra cuestión, pero desear ver mucho y variado sabiendo que no todo se obtendrá, te prepara para ser feliz».
>
> *Lagarta,* Gabi Martínez

Salimos de viaje convencidos de que el mundo real es más inmenso que los mundos ficticios que tenemos dentro de nuestra cabeza. Creemos que así aumentan las posibilidades de madurar la sensibilidad y de afilar los sentidos, que en lo que sea que consista saber querer se debería ir ampliando a medida que vamos más allá de nuestro actual horizonte, hacia un espacio que pensamos que no va a decepcionarnos. Nos detendremos a explorar los misterios activos de los riachuelos, que están creando vida sin descanso, y saborearemos lo que viene con la providencia, que será incertidumbre, y junto a la incertidumbre llega el horror que sentimos por lo inamovible; contemplaremos lo que damos por supuesto que es belleza y el presente disuelto en la belleza; intentaremos reconocer la fecundidad y lo que se nos muestra esquivo o «la naturaleza fallida de la perfección», por utilizar la paradoja de Annie Dillard.

Hay algo de melancolía en este enunciado, algo de fidelidad a la idea de que cualquier tiempo pasado fue feliz, pero sin caer en el lamento, pues estoy convencido de que ese pasado es, a su vez, promesa de una próxima temporada también feliz. Nos resistimos a la velocidad del tiempo, de ahí el propósito de buscar lugares apartados de la civilización, de hallar esos parajes que durante demasiados años estuvieron ocultos por la niebla.

El tiempo no existe o el tiempo no es una dimensión. ¿Es posible una existencia en la que modifiquemos el curso del tiempo para que transcurra de una manera mejor a la que estamos acostumbrados? ¿Es posible una vida más lenta, la ausencia del tiempo de Cronos, ese dios paranoico y enojado? El problema al viajar no es tanto el de sentirnos pequeños como el de sentirnos breves. El tiempo, así pues, a lo que más se asemeja es a un sentimiento. Un segundo de viaje se puede igualar a un siglo, y tres años de periplo son un parpadeo.

Recuerdo quedarme sin aliento en mi primera visita a Manhattan. A los veinticinco minutos de caminata, tuve que detenerme a descansar apoyado en una pared, sin aliento. «¿A qué velocidad camina la gente aquí?», me preguntaba. Cuando paseamos por Broadway o el Downtown comprobamos la inhumanidad de las dimensiones: hasta el tiempo del reloj transcurre a toda pastilla, tan rápido que deja de existir. Pero no se trata de la desaparición que estamos buscando, pues no regala descanso.

Al hablar del viaje, hablamos de un tiempo que se mide más por la memoria que por los relojes. La memoria es una criatura delicada que nos permite recuperar lo mejor de nosotros y de los demás. En realidad, no nos ayuda a determinar qué haremos. Lo único que podemos saber sobre el futuro son las ganas que sentimos de convivir con los pájaros al modo en que lo hacen los lobos, por ejemplo, o con el olor del sándalo de la misma manera que damos por supuesto que ayuda a meditar a un monje budista.

Los momentos más significativos de nuestro paso por el mundo, dicta la memoria, son aquellos que nos distinguen de los peces y los lagartos: la amistad, el cariño, la pérdida, la transformación, la adaptación e incluso la destrucción. Si los recuperamos de inmediato, nos damos cuenta de que nos ha resultado imposible adaptarnos a tantos cambios sucedidos en tan corto espacio de tiempo. Así es como se resume la maldición del tiempo, esa materia, dijo Borges, de la que estamos hechos: la gente nace, se acostumbra a vivir y muere.

Pero el tiempo contiene una inutilidad maravillosa al mostrarse con bucles de memoria y no expresarse de manera lineal, como sí hace la distancia, el peso o el volumen: olvidamos lo que nos llevó a odiar a alguien hace un segundo, e incluso olvidamos el odio sin ofrecer resistencia, pero mantenemos vivo el amor por quien desapareció cuarenta años atrás. No es capricho ni es supervivencia, como apunta quien afirma que cualquier tiempo pasado fue mejor, porque empujamos al dolor al mismo abismo en el que habita lo que nunca fue. Se trata de humanidad, tal vez de alma. Y hablamos de los estupendos instantes en los que deja de existir la destemplada separación entre alma y cuerpo. Es entonces cuando lo que entendemos por tiempo deja de estar presente.

Muerto el tiempo, disponemos a nuestro antojo de los días y sus noches para respirar, reconocernos, atender a sensaciones, emociones y sentimientos, para querer y ser queridos. En cuanto a la aportación del viaje, podemos asegurar que una de las formas más eficaces de anular el tiempo es cambiar el sentido del mundo. Por ejemplo, si pensamos que el hombre está diseñado para un mundo horizontal, deberemos plantearnos qué ocurre si el suelo se transforma en vertical, como en las ascensiones a las montañas. Y lo que ocurre es que no estaremos en condiciones de andar preocupándonos entonces de esa mierda que es mirar constantemente los relojes y las cifras de los calendarios.

En esta esfera cada vez menos azul que llamamos tierra, habitan unos simios desarrollados cuya cumbre del progreso viene determinada por la perfección de los relojes. Gracias a la aparición de un dedo pulgar que ahora permite empuñar pistolas o antorchas olímpicas, la electricidad comenzó a irradiar la materia gris provocando que se multiplicaran las células y con ellas la obsesión por fabricar relojes. Poeta es aquel que consigue librarse de las tensiones del segundero. El milagro ocurre de vez en cuando y con un poco de suerte llega a repartirse entre cada miembro de la colonia humana.

En realidad, los hombres no buscamos la verdad, que es uno de los géneros de la poesía, sino las llaves de la casa, que se han extraviado entre tantos bolsillos. Confiando en que dentro de un piso por el que pagamos una hipoteca seremos inmunes al chaparrón de desgracias, no dejamos de mirar el reloj esperando la hora en que escampe. Y así se va haciendo cada vez más tarde. O nos hemos convencido de que se hace cada vez más tarde. Aunque no sabemos con exactitud —entendiendo por exactitud algo semejante al despotismo de los relojes— para qué se hace tarde. Para evitar el dolor, suponemos. Nos queda, eso sí, la risa, porque la risa es uno de los últimos gestos en que refugiarse cuando la resaca nos lleva, de una forma que creemos inevitable, al *maelstrom*. Frente a lo siniestro y lo decadente, nos queda lo mágico.

«Si os quedáis hasta que aparezcan las luciérnagas del crepúsculo, y os vais a dormir de vuelta a casa, estaréis mejor preparados para el paseo de mañana [...] que en el caso de que vayáis a una fiesta a hablar sentimentalmente de Italia y a oír las últimas noticias de Londres y Nueva York», escribió John Ruskin, que nos advierte contra las prisas y las tiranías de las agendas. Si el tiempo tiene que transcurrir, desearemos que lo haga a una velocidad natural, que raramente se acerca a los momentos de ebriedad ni a los de desidia. Lo que reclama Ruskin es atender a las posibilidades que todavía tenemos de cumplir una vida de dimensiones humanas, de nuestro tamaño, como hacía, lo hemos comentado antes, el pintor Constable.

Nadie se despierta siempre con la misma música interior, entre otros motivos porque a su alrededor lo que sucede, sea ciudad o monte, es algo vivo, posee músicas diferentes. Damos por supuesto que nuestra música obedece a lo más profundo, pero la rebeldía supone en buena medida ser superficial, consiste en la mirada y en las expresiones de pasión, sin las cuales vivir es una porquería. Ellas nos señalan lo que hay que salvar del incendio. Lo demás será materia que se transformará en humo o en el mismo vacío que ocupa el espacio entre planetas o, tal vez y si tenemos suerte, en el humus que alimenta a los cardos y a las amapolas.

Colapso

¿Es ético viajar a la Gran Barrera de Coral cuando los corales están muriendo? Me lo comentó Joaquín Araújo durante un encuentro literario: hay mucha gente que está dejando de subirse a los aviones para no participar de la contaminación que provocan, del derroche de mierda que contribuye al cambio climático.

Estoy convencido de que el mundo es mejor que nosotros y, por tanto, no deberíamos alterar la paz y la limpieza de los espacios naturales. Pero también estoy convencido de que un proyecto vital debe ser algo decente, y acercarse a la biosfera forma parte de la mejor decencia. Carecemos de un poder de decisión y acción universal, y mientras sea así, lo más que podemos hacer es cuidar lo mejor posible nuestro entorno y a los seres feéricos que habitan en él.

Jane Goodall enuncia los pilares sobre los que podemos intervenir para limitar los daños de la maldad: mitigar la pobreza para no esquilmar el planeta, limitar el estilo de vida insostenible que tienen los ricos y quienes los imitan, eliminar la corrupción y afrontar los problemas derivados de la creciente población humana y su ganado. Es una ética sencilla, que parte del individuo, formulada por alguien que tiene fe en las personas, pero no en los Estados.

En una época en la que las causas de justicia se han fragmentado —ecologismo, feminismo, opresión salarial y explotación laboral, defensa de las etnias minoritarias, lucha contra la xenofobia y el racismo, entre otras—, tal vez convendría volver a unificarlas, pues todas ellas nos hablan de igualdad, de solidaridad, de bonhomía. Hoy por hoy, lo que importa es ponerse de parte del planeta en esta guerra que está librando una naturaleza, empeñada en seguir existiendo, contra una humanidad que se muestra como un ente que busca el beneficio extremo, y este beneficio es crematístico. Es una guerra de destrucción y la victoria está cayendo del lado más canalla. Esto de robar lo que es de Dios para dárselo al César parece que no tiene futuro. Hoy solo cabe resistir frente al avance del asfalto, de las fumigaciones, del mundo digital y del reguero de basura que sueltan los aviones. La falta de decoro humano ha quemado el cuerpo del planeta con mares condenados al plástico, el suelo emponzoñado de agrotóxicos y una expansión caótica de gases venenosos en el aire. Como Shylock, el protagonista de *El mercader de Venecia,* hemos pedido a la naturaleza que nos entregue un buen pedazo de su carne, sin darnos cuenta de que para conseguirlo debemos provocar que la naturaleza sangre.

«Cuando las hermanas de mi abuela, Guðrun y Valur, nacieron débiles y enfermas, se llamó a un sacerdote y no a un médico, y las dos murieron. Ahora que la tierra está en peligro, ¿a quién habría que llamar, a un economista o a un ecólogo?». Esto escribe Andri Snaer Magnason en *Sobre el tiempo y el agua.* Si no hacemos nada, pasaremos a un tipo de historia que estudiarán los paleontólogos extraterrestres, en la que se nos catalogará como la generación que tuvo el paraíso en sus manos y lo destrozó por codicia.

Es un pésimo legado, pues nada de lo que engendramos vale ni una décima parte de lo que vale el océano, el hielo de los glaciares o la selva virgen. No nos enfrentamos como deberíamos a la gran industria, porque la pérdida inmediata que sufriríamos es muy difícil de soportar, y optamos por una táctica de seguridad, esa que se llama silencio. Formamos parte de ese grupo de pequeños o medianos consumidores que con sus decisiones de gasto diarias apoyan a empresas de capital inagotable.

Debe haber otra forma de vivir, debe haber coraje en algún lugar. Tal vez deberíamos viajar a pie para demostrar de lo que somos capaces. Y elegir la vida como lenitivo, como una pasión de bajo octanaje, porque de lo contrario su duración sería larguísima, como una pasión en la que todo encaja lentamente, como un lugar en el que encontramos que lo natural es la poesía, mi poesía, la poesía en la que habito o me gustaría habitar, incluidas, por qué no, las buenas intenciones de ser buenos.

Cal Flyn ha viajado a lugares donde ha sido capaz de encontrar vida brotando entre los escombros de lo viejo, de los colapsos a pequeña escala, aunque se trate, a veces, de vida extraña. *Islas del abandono,* el libro en el que relata estos viajes, es una muestra de resistencia frente a lo apocalíptico. Seguirla supone comenzar a sentir que sí tiene sentido rebelarse contra la tendencia a calificar el fin como inevitable. Los lugares por los que Flyn camina no son los más hermosos, pero nos invitan a cambiar la idea de que no hay rosa sin espinas por esta otra: por mucho daño que nos hagamos, al otro lado del espinoso camino hay una rosa. Lo que importa es que haya vida.

Por vida entendemos algo digno, algo sobresaliente, una relación con otras vidas, con los otros yoes, una relación de reciprocidad, de empatía, de compasión. La vida es algo vulnerable, y de ahí la necesidad de construir derechos que la protejan no solo de la muerte, sino también de la maldad de las almas sucias. Ahora lo sensato será aprobar que el universo está formado por seres sensitivos y dignos de poseer derechos. Lo cual supone eludir o prohibir cualquier maltrato, y no solo el que se escenifica, que es una abominación, como sucede en la tauromaquia, sino también el que se produce en las cadenas de alimentación y en las destrucciones del hábitat de los animales.

El indicador por el que nos guiamos para evaluar la salud de las economías nacionales es el PIB, que valora los bienes que se producen en un país, y no la limpieza y disponibilidad del agua potable, por ejemplo, ni la fortaleza del suelo, ni la biodiversidad de los ecosistemas o la temperatura de los océanos. Tal vez sea hora de inventar algo que sustituya a los rígidos principios de esta economía, que se nos impone con reglas que parecen tablas de la ley cuando son, en realidad, otro invento de los hombres.

Se trataría de echar imaginación, un arrojo que es ciudadano y es ecologista, para modificar esa ficción que dicta que las empresas y los países no pueden regirse de otra manera. Se trata de cambiar el ansia de amasar riqueza económica por las garantías de que los niños crezcan en entornos libres de productos químicos. Las necesidades y el sufrimiento del mundo surgen de la incapacidad de compartir, no de la incapacidad de la tierra para producir. Tal vez si pasáramos más tiempo a solas con la naturaleza nos sentiríamos más unidos a ella y dejaríamos de tener esta relación tan torpe con lo salvaje, con la nieve, con los cantos de los arroyos, con las praderas, con la arena del desierto y hasta con las olas, con todos los parajes que podrían ser paraísos purísimos, que han sido reivindicados por movimientos contraculturales que buscaban el mejor de los mundos respetando a Gaia.

Consumimos una cuarta parte de la producción fotosintética de la tierra, y toda esa biomasa va a parar a nuestras manos y estómagos. Esa proporción seguirá aumentando mientras el crecimiento económico sea expansivo. Tal vez podría ser más intensivo, centrado en la mejora de productos y de la producción ya existentes. Esto requeriría un cambio de paradigmas, que también afectan a nuestra relación con la naturaleza, basados en un altruismo grupal, que beneficie a los otros miembros de la tribu, en lugar de este altruismo individual con que producimos.

Que vivir no sea del todo inocente no supone que todo lo que hagamos nos lleve al desastre. Tal vez deberíamos someter a la naturaleza a una política creativa, u optar por la propuesta de John Muir y permitirnos destruir la mitad del planeta mientras se reserva la otra mitad para salvaguardar lo salvaje, prohibiendo incluso pisarla.

Ninguna de las dos opciones es sabia. Lo que puede acercarse al verdadero conocimiento, a los saberes que importan, parte de una terapia de aire libre, de darnos cuenta de que en el monte no existe el acoso escolar o laboral, y que lo que se mide por las escalas cerebrales no son lo más importante al enfrentarse al vuelo de los pájaros. De repente sentimos que se han deshecho las caras amargas y la hostilidad. Destilamos salud, pero no el tipo de salud que obtenemos de la alopatía, sino algo más parecido a la inocencia. Es una espiritualidad asentada sobre un universo que huye de la sofisticación de las ciudades, donde sentimos un exceso de conciencia desequilibrada. ¿Acaso no es espiritual la emoción que nos embarga sentados en la ribera de un arroyo, o al observar a los animales pequeños, las larvas, las mariposas, las ranas, los insectos, como si cada uno de ellos fuera el aleph: como si al mirarlos contempláramos el universo desde su creación hasta el futuro no descrito?

«El universo podría parecerse más a un gran pensamiento que a una gran máquina», ha escrito Annie Dillard, que nos propone así cambiar lo que nos sucede dentro de la cabeza, para lo cual nada mejor que pisar el terreno, dormir al raso, tener infinita paciencia y enamorarse de los animales. El respeto es el medio y es el fin. Estamos invitados a formar parte del grupo de gente que propone convivir con la naturaleza como expresión de una particular parusía, ese advenimiento que aguardan quienes practican ciertas religiones, el que nos transportará a la forma definitiva de felicidad.

Edward O. Wilson, el entomólogo considerado el padre de la biodiversidad y de la sociobiología, acuñó el término *biofilia* para referirse a la hipótesis de que estamos programados para necesitar la naturaleza, que la naturaleza está en nuestros genes, que forma parte de nuestra humanidad, que no existe separación entre la naturaleza y la consciencia humana. Esta convicción no deja de ser intuitiva, un bienestar al que rezamos y sobre el que resulta complicado escribir un ensayo. Aunque como poesía sí se podría escribir sobre ello, porque es el género propio de la naturaleza, venga en forma de verso, de elegía o de diario.

David Sobel, académico de la Universidad de Antioquia, en Nueva Inglaterra, por su parte, habla de la ecofobia: los niños conocen la destrucción de la naturaleza antes de darse cuenta de que es divertido jugar en ella. De seguir así, corremos el riesgo de que los ecologistas lleven la naturaleza en el maletín, que el ecologismo se base más en datos que en lo que cambia de verdad a la gente, que siempre tiene que ver con el amor, como el del granjero australiano que ante un incendio corrió hacia el fuego para llevar agua a los animales salvajes que casi seguro iban a morir. Frente a esas acciones, nuestras médulas tiemblan por algo que, tras resistirnos a llamar admiración, calificaremos de nuevo como respeto.

Observar, meditar, aceptar son los verbos sobre los que actúan los santos contemplativos, y no son artificios. Nos pertenecen como nos pertenece la necesidad de naturaleza. En las grandes urbes, donde habitamos la mayor parte de nosotros, no es tan sencillo ejecutar actos de cariño por los seres y los paisajes. Si Nueva York es un estado del alma, se trata de un estado del alma personal, un estado un tanto neurótico, mientras que la naturaleza es un estado del alma universal.

Pero hasta esta sensibilidad, que no sé si podrá salvarnos, tiene sus riesgos y ya está demasiado sujeta al PIB y al márquetin. Lo de la Pachamama está muy bien, pero en la actualidad y gracias a la apropiación que hacen los mercados de cualquier impulso, se utiliza para vender más pantalones desmontables con los que vestirse en el viaje a los Andes, en comercios como Decathlon o Coronel Tapiocca.

Estos son los cuatro valores que Ralph Waldo Emerson adjudicaba a nuestra relación con la naturaleza:

virtud, talento, libertad y amor. Emerson, ya lo sabemos, pretendía siempre dar testimonio de la generosidad de la tierra. Su visión del entorno natural se acercaba más a la del poeta que a la del científico: la verdad no es la misma si la dictan los datos que si la presencia alguien afectado de ternura. Lo que Emerson propone es un viaje al corazón del propio asombro y lo que nos demuestra es que la capacidad de maravillarse es más grande que cualquier cordillera. Sin embargo, cada día queda menos naturaleza que observar. Es posible que no todo sea idilio en este mundo que agoniza, pero encontrarnos con él nos ayuda en la gestión de anhelos, nos ayuda a afrontar el deseo de regresar a la cabaña de la infancia, de reconciliarnos con la memoria, que es donde están el barro y la pureza.

Al final, lo único que podemos hacer es escribir un pie de página en esta historia. El colapso, tengo la impresión, es inevitable. Y no sé si seguir comportándose como animales que bailan en las verbenas se puede considerar una virtud o un disparate. En realidad, la mayor parte de la culpa no la tiene el individuo, que se comporta civilizadamente, apagando la luz cuando no está dentro de la habitación. Lo único que parece que podemos hacer es ralentizar la marcha de este Titanic que va directo a estrellarse contra un iceberg. Mientras tanto, nos quedan los refugios de los lugares bellos y de quienes nos hablan de la belleza de los lugares, de estos tipos que se refugian en la cocina de casa para cazar una lagartija a la que salvan así la vida, o emprenden un viaje a un lugar lejano para comprobar que no ha fallecido el último árbol de su especie.

Del principio antropocéntrico que da por supuesto que la tierra está al servicio del hombre, se deduce que es el hombre quien crea la cultura. Del verso de W. H. Auden «ninguna cultura es mejor que sus bosques», debemos concluir que biosfera y cultura son artículos que se pueden separar. Y, sin embargo, uno intuye que se encuentran en el mismo universo, en el universo que más descanso y calor nos concede.

De hecho, dado que los bosques son anteriores al hombre, uno se siente tentado a asegurar que la cultura pertenece a los bosques, que de ahí proviene ese sentimiento que nos indica que arte y naturaleza son los dos conceptos, entre todos los que manejamos, que más libertad contienen. No es más cultura la obra de Andy Warhol que los vuelos de los azulillos índigo. La cultura no se limita a la lectura de los sonetos de Shakespeare, pues también implica reconocer de qué flores liban las abejas. Todo puede ser nuestro maestro, todo ha sido un misterio antes de que comenzáramos a valorar el conocimiento, desde los tiempos en que las diosas poseían una función como madre y la tierra era una diosa.

Y todavía hoy seguimos creciendo sobre lo inexplicado, sobre la impresión de que cada mañana la luz se desata sobre el mundo sin venir del sol, sino del propio mundo, del mundo natural, pero no porque la naturaleza tenga luz propia, sino porque está allí, al margen de la razón, respondiendo a sensaciones, a los estímulos que crean la hipótesis de Gaia o los textos del *Tao Te Ching,* a la intuición de que el saber tiene algo que ver con la comunión, con el espíritu de la tierra, o tal vez, como propone en algún texto William Ospina, con los espíritus de Diógenes, Buda y Cristo.

Nos hemos atrevido a proponer la trilogía que comenta Ospina pues frente a ella, frente a la sencillez de Diógenes, Buda y Cristo, colocaríamos la religión institucional, que tal vez sea un producto disociado de la cultura y que provoca destrucciones. Esta sencillez nos muestra que somos poca cosa, que frente a la naturaleza somos poca cosa, que el día que desaparezcamos el planeta seguirá dando vueltas y será capaz de recuperarse. Mientras tanto, debemos incidir en que, para fomentar este calor, este afecto, a nuestros hijos conviene mostrarles que todavía pueden disfrutar de rincones de la naturaleza, como hicieron nuestros abuelos; bastará con que tengan intención de aprender a mirar, con que tengamos intención de enseñarlos a mirar, como miraba Marcovaldo, el protagonista del libro homónimo de Ítalo Calvino, las cáfilas de hormigas circulando por las aceras de hormigón, y así educar buenos sentimientos.

Desvanecimiento

Existe el aire libre, pero no hemos conseguido definir su contrario, el aire cautivo. Existe el tiempo libre, pero tampoco estamos acostumbrados a mencionar su opuesto, el tiempo cautivo, que tal vez sea esta construcción social en la que navegamos, que nos hace esclavos de un mal concepto, de un concepto financiero de tiempo.

En el cosmos que habitamos nos da con frecuencia por pensar que lo bueno está fuera y lo malo es lo que nos pertenece: fuera de nuestro piso, donde oímos el grifo que gotea, todo es más fácil de comprender. En el exterior están los pájaros y los insectos. Lo contrario al exterior son los lugares donde es casi imposible pensar con claridad: los colegios, las oficinas, los supermercados, los medios de transporte, los hoteles, los bares con las televisiones encendidas.

Nos ahogamos en ruido y en la idea constante de tener que ser disciplinados. Cualquiera que haya leído a Michel Foucault maldecirá ese concepto, la disciplina, que en la sociedad moderna sustituye a las leyes y a los cuerpos de control que antes vigilaban y castigaban. La consecuencia es la ansiedad y la ansiedad que produce intentar contener la ansiedad. El mundo, según dictó Leila Guerriero hablando sobre el poeta Fabián Casas, bascula entre la epifanía y el abismo, y a continuación escribe algo que se podría extender al mundo de los demás: «Se puede ir a la cancha y escribir poemas y cenar felices y, después, querer morir a mediodía».

La neurosis urbana supone para la mayor parte de nosotros vivir en un antipaisaje, el de la polución, que afecta a los cinco sentidos. Esta misma neurosis se ha convertido en el instrumento o la justificación para evitar enfrentarnos a nuestros sentimientos, al mundo sensitivo y a los afectos. Estos son los lujos de los que nos priva una forma de vida basada en el capitalismo —ruego que se me disculpe el tópico—, que nos remite a mantenernos con el derroche, con el incendio, la destrucción y la muerte. A esta fantasía destructiva del mercado se la llama realismo, mientras que a la preocupación por los sentimientos, las pasiones, la compasión y los amigos se la conoce como utopía, lo cual no deja de ser preocupante.

No deberíamos gastar energía peleándonos con esta ansiedad. Tal vez sí intentando crear una alternativa que contenga la dosis exacta de lo salvaje. Y esto supone detenernos para ver desde fuera esta construcción de normas de convivencia que creemos que pertenecen a la moral y que llamamos conciencia. Se nos dicta que si somos normales, si nos atenemos a las normas, a la realidad, nos va a ir mejor. Pero esto no deja de ser disparar a ciegas. Ahí delante sigue sin haber nada. Pero creemos que lo que nos oculta el futuro es una niebla, la que gestan esas promesas de mejora si nos atenemos a lo real, que a la hora de la verdad puede ocultar tanto el barranco de la normalidad como el paraíso que podemos construirnos. No deberíamos largarnos de este mundo sin poder decir que al menos lo hemos intentado. Existen múltiples soluciones entre lo salvaje y las farsas de los hogares que exponen en sus anuncios las compañías energéticas, existen candidaturas suficientes entre el paraíso y el barranco.

El acoso de realidad al que nos vemos sometidos nos empuja a pensar que el mundo era mucho mejor antes que ahora. Encontrar un equilibrio supone reconciliarnos con lo que reconocemos del mundo actual y con la propia memoria, y convencernos de que existen opciones de mejora que son un acicate para seguir moviéndonos. Es posible que debamos recuperar la época en la que creíamos que *El Principito* contiene la dosis máxima de cultura a nuestro alcance, porque el análisis de la realidad nos demuestra que era cierto eso de que lo esencial es invisible a los ojos, porque los bancos siguen sin poder comprar el sol. Lo contrario, pensar que ya no hay nada que hacer, supone una coartada para la indiferencia. El problema de esta civilización no es la sobreabundancia de humanos, sino la escasez de humanidad, y eso tiene solución.

En esta realidad, viajar supone destruir, pero también recuperar. Si miramos de cerca cada plazuela y cada callejón descubriremos la vida de la gente a la que le han robado el derecho a escribir sus biografías, personas que nos llaman la atención como grupo, pues así los identificamos a través de sus rasgos o sus ropajes, pero que como individuos son supervivientes. Proyectamos sobre ellos sentimientos buenos, como los proyectamos sobre los paisajes, sobre las montañas, el mar, los ríos y los desiertos. En todos los sentimientos que hemos querido ver subyace un trasfondo de libertad o de deseo de libertad.

Si le pedimos a un niño que dibuje dónde le gustaría vivir, seguramente trazará una casa junto a un río, unos árboles, unos columpios, al pie de las montañas, en un espacio abierto donde se ve el cielo. Frente a ese deseo, esa libertad, están las avenidas en las que se atormentan vehículos, los neones de gusto dudoso, gente que no se conoce y suma multitud, inhumanas dimensiones de edificios, exceso de velocidad…, todo lo que supone lo opuesto al aire libre, al tiempo libre.

Recuerdo, ahora, una frase de Paul Theroux que da otra pista sobre dónde buscar un poco de sanación: «A veces da la impresión de que África es un lugar al que se va a esperar».

Para huir del presente, podemos refugiarnos en alguna de estas cosas: todo lo que represente levedad, lo efímero, lo que no está anclado al suelo, el vuelo de las aves; mojar los pies en los ríos; las flores, la tertulia alrededor del fuego, la sombra de las acacias; jugar a ser bohemio; los pequeños sabores, lo que nos llega por el olfato; la poesía mística y los cuentos zen; los campesinos y los artesanos; los valles, la nieve; lo que tiene que ver con la botánica pero no con la biología; contemplar cordilleras; la medicina natural y las dietas piadosas; pensar que la mirada es el alma; la lluvia, la sequía, el diluvio; los espejismos y la imaginación; el Mediterráneo y los puertos pesqueros; los cantos de los muecines; la bruma que escampa; los niños jugando en los columpios. ¡Que este mundo no se extinga!, rezamos, ¡que no perdamos la posibilidad de conocerlo! Esta plegaria supone una mixtura de sabor a melancolía y a resignación, pero también un acicate para ponernos en marcha, para dirigir nuestros pasos hacia donde suponemos que hay paraísos que aquí nos parecen perdidos.

Quizá deberíamos llamar a ese sentido del viaje «síndrome de Marco Polo»: lo que queremos ver pertenece a otra época, cuando la globalización no había cambiado tanto los rostros de las ciudades y los trazados de los caminos. Viajaremos imaginando que el tiempo se detuvo, deseando construir nuestro propio Oriente, en el que el sol sale desde la región donde los reyes fueron magos y las mujeres narraban historias interminables que embaucaban a un asesino durante mil y una noches. El viajero echará de menos la época de Alí Bey. Esa nostalgia encontrará confort en el gesto de un vendedor de especias en un mercado uzbeko o en un paraje de las montañas de Kirguistán, donde unas fuentes termales sin explotar turísticamente fluyen con magnetismo.

No tendría sentido viajar sin sorprenderse. De ahí esa atracción por los oficios que damos por supuesto que son medievales o renacentistas; de ahí también surge la atracción por los sufrientes, por las clases bajas, por grupos sociales que padecen la presión de algo que llamamos cultura o tradición y que se justifica en la inercia y la comodidad de los que deciden. Y cuando termina el viaje, está ese deseo de ser escuchado como se escuchaba a los viajeros antiguamente, que eran considerados magos o sabios, portadores de noticias de mundos insólitos.

El sueño del hombre rico es vivir en un lugar donde todo lo que precise sea unas chanclas, un bañador y un plátano. Devorado por la crisis continua de ansiedad que supone vivir al ritmo de los millones de dólares, el hombre rico delira con encontrar eso que, al final, es lo mismo que todos estamos buscando: el descanso. Uno no descansa mejor por poseer más, sino por necesitar menos. Soñamos con despojarnos de todas las neurosis que nos hemos inventado, y la consecuencia que se destila es retornar al único círculo del que deberíamos no haber salido, que es la epopeya de ser natural, de ser, esencialmente, naturaleza. Pero no deberíamos considerar un fracaso el renunciar a la vida en el campo, a pesar de sabernos derrotados por los inviernos y por el salario que garantiza algo más de seguridad física y cierta asistencia médica, porque el fracaso es oxígeno en la hoguera de la neurosis, y deberíamos seguir teniendo presente que tener sueños es ya de por sí un éxito.

En nuestro ideario permanecen los cuadros de Constable, ese otro viajero de las sensaciones al que no nos cansaremos de citar, en los que desearíamos quedarnos a vivir, pues allí no precisamos de larguísimos recorridos para sabernos dueños de nuestros días. En buena medida, el viaje que anhelamos también es el de aquello de lo que nos hemos privado, el de la vida libre y plena, reposada, el del bálsamo de la naturaleza y del mundo rural. Para recuperarnos de la envenenada nostalgia que la ausencia de naturaleza nos produce, queremos partir, quedarnos en otro lugar tanto tiempo como sea posible. Quisiéramos recuperar el lirismo del viajero amablemente emocionado para hablar del fuerte sol, de los niños saltando al río, de las jóvenes parejas que se besan sobre el capó de un coche, de las breves compañías que no dejan ni un mal rastro ni un mal presagio, de los incendios de la poesía, del agua y de la luz. «El mundo de hoy está exangüe por falta de cosas elementales, de fuego ante las manos, de agua manando de la tierra, de aire, de tierra amada bajo los pies», advertía Henry Beston en 1928.

«De entre todas las criaturas en el mundo, las que necesitan la resalvajización tal vez sean nuestros niños. El desplome de la relación de los niños con la naturaleza ha sido aún más rápido que el desplome del mundo natural. La vida al aire libre en la que muchos estábamos inmersos ha desaparecido en el cambio de una generación a otra», se lamenta Richard Louv en ese ensayo maravilloso que se titula *Los últimos niños del bosque*. «El mundo interior es mucho más peligroso que el exterior que tanto temen los padres, y en vez del peligro casi inexistente de los desconocidos, tenemos el peligro real y traicionero del distanciamiento. Confinados en sus hogares, los niños se distancian de los demás y de la naturaleza. La obesidad, el raquitismo, el asma, la miopía, el declive de la función cardiaca y renal parecen estar relacionados con la vida sedentaria de puertas adentro».

Un niño inuit de ocho años es autónomo en su entorno; sabe reconocer el hielo, sabe cómo sobrevivir en caso de tormenta, reconoce los peligros y está capacitado para evitarlos. Un niño que vive en la selva amazónica distingue las plantas e insectos comestibles de los venenosos, caza pequeños animales, se orienta en el laberinto vegetal. Una niña de seis años de una población africana pasea por las calles saludando a los vecinos y a su extensa familia, sabe quién le facilitará el pan o la leche y llega sola allí donde puede encontrarlos. Pero un niño de las ciudades occidentales no puede salir de casa solo hasta cumplir los doce años. Algo no termina de funcionar bien en lo que conocemos como mundo civilizado, algo de lo que estamos privando a nuestros hijos. Algo de lo que se beneficia la industria farmacéutica, que vende más y más ansiolíticos.

Entre los elementos que conforman este fracaso está la privación del juego en el exterior, que viene no solo por la escasez de naturaleza de las ciudades, sino también por los miedos de los padres. El miedo, dicho sea de paso, es una emoción que estimula aquello que pretende evitar. En este caso, lo que se intenta imponer es, de nuevo, el orden, tememos perder el orden, tememos perder el cementerio, como hemos explicado antes. El silogismo nos lleva a deducir que la ciudad se ha convertido en un cementerio para los niños. Todo lo que tiene que ver con su educación, desde la familiar a la institucional, se rige por el orden y el miedo: el orden de los exámenes que se imponen a los críos de siete años, creándoles tensiones innecesarias, y el orden de la enseñanza universitaria, cuyo mayor éxito está en claves como la investigación biológica para crear patentes.

Tanto en un lugar como en otro se echa al olvido la historia natural, la que fomentó Alexander von Humboldt o la que narra Edward O. Wilson. Mientras tanto, los padres no permiten que sus hijos de alejen de casa y apenas les muestran rincones naturales algún fin de semana, porque el sábado y el domingo se dedican a dormir y a poner en orden la casa.

Richard Louv habla de ecofobia, y aboga por la ecopsicología como nueva forma de humanismo, defiende el ejercicio verde, la meditación que supone el encuentro con lo natural. Su apuesta es familiar y no organizada, no ordenada, lo cual supone estar constantemente abiertos al descubrimiento. Deberíamos dejar que la inquietud tenga siempre las puertas abiertas, ir al monte y al bosque con más facilidad de la que exhibimos cuando vamos a un centro comercial, alejarnos del pánico que nos sugiere, el que no siente el niño inuit ni el que vive en la selva amazónica, recordando que «pánico» es una palabra que proviene del dios Pan, ese con patas de cabra que se escondía entre el monte bajo para asustar a los pastores. Una serpiente, por ejemplo, puede ser la parte indomable de la naturaleza y un termitero un encuentro áspero, pero es posible concebir que se puedan amar a esos animales como se ama una puesta de sol, un rincón del bosque, un salto de agua. Salimos y recorremos lugares que podemos entender como moribundos, somos pesimistas, pero podemos mantener el patetismo de Unamuno, que a la par que siente morir el planeta escucha el canto de los pájaros.

> «No puedo pescar sin perder una parte de respeto por mí mismo».
>
> Henry Davis Thoreau, *Walden*

Aunque viajemos por caminos que pisaron millones de personas antes que nosotros, aunque recorramos la ruta mirando el mapa y la cartilla que nos facilitó la agencia de viajes, aunque estemos en la celda de un viaje organizado, con sus autobuses y sus horarios de visita a monumentos, aunque no hagamos otra fotografía que no sea la de la postal, debemos tener en cuenta que nuestro valor no se mide por ser pioneros en el viaje, sino en la entidad de nuestra presencia el día que operaron a vida o muerte a nuestro hermano pequeño.

Además, no es ningún error humano mirar con envidia ese gran viaje que no podemos protagonizar, ese viaje a los Mares del Sur, cuando las islas eran una alegría perpetua, el viaje que protagonizó Stevenson y que la globalización ha exterminado, ha dejado en la máscara. Si viajamos, podemos hacerlo intentando vivir dentro del sentimiento de los demás, preocupándonos por el alma, por cómo se comparte alma, que es algo que tal vez tenga más relación con el *bodhisattva,* el camino que emprendió Buda, que con el erudito que tan solo aspira al conocimiento de Dios. El alma está sujeta a los vínculos terrenales, a la ruta, y cuando más la sentimos es cuando se impone algo así como la armonía.

¿Qué es la armonía o a qué se parece? Tal vez al silencio de las auroras, y a lo más parecido al silencio de las auroras que ha creado el hombre, que es la poesía; la armonía tal vez se parezca a viajar a pie y a ser buenas personas.

Donde falla la sociedad organizada, la *polis,* para ser soporte en este viaje, puede salvarse el individuo, pueden salvarse las pequeñas experiencias, las iniciativas personales. Donde falla la *polis* podemos recurrir a lo salvaje, en los términos en que Gary Snyder entendía lo salvaje, que no se trata de volver a la Edad de Piedra, sino de encontrarnos con lo que queda fuera de un sendero que fue trazado por otros.

¿Qué supone o cómo reconocemos que nos hallamos en lo salvaje? La enumeración que se puede extraer de la lectura de Snyder es larga e incluye, por ejemplo, percibir el estado de alerta y el conocimiento de primera mano, participar del bien común y del acceso a la tierra, encontrarnos con aquello que es anterior a las leyes escritas por los hombres, perder el miedo a una crear una sociedad en la que no existan los Estados, darnos cuenta de que el entorno se vuelve acogedor, incluso durante el proceso de aprendizaje, y que el conocimiento no es incompatible con los misterios del espíritu. Aunque la idea que mejor resume el concepto de salvaje que defiende Snyder puede concretarse en que la filosofía de lo salvaje es la opuesta a la filosofía de las compañías petrolíferas.

Viajar porque hay que doblegarse ante una invitación a salir, que no sabes si viene de dentro o de fuera, antes de que la belleza del planeta dé con los huesos en el vacío y no quede ni una raspa de sardina para demostrar que hubo, y mucha, vida en la tierra, es una exigencia que se impone en demasiadas ocasiones.

Desterrarse: la violencia de cambiar

—¿Vosotros sois católicos y vais a misa? —terminé por preguntarles, con mucho enfado. Mis alumnos respondieron que sí, la mayoría afirmando con la cabeza—. ¿Y conocéis la parábola del buen samaritano? Esa parábola en la que Jesucristo intenta responder a la pregunta: Maestro, ¿quién es el prójimo? —Se repitieron los movimientos afirmativos, alguno incluso llegó a reírse por considerar que les planteaba algo evidente—. Pues entonces lo que tenéis que hacer es ir a hablar con el sacerdote, que además es vuestro profesor de Religión, para que os explique que en Judea a los sacerdotes y a los levitas los consideraban ciudadanos de primera categoría, pero que los que venían de Samaria eran considerados inmigrantes de mierda, como esos a los que estáis maldiciendo.

Durante todos los años que impartí clases en un instituto de educación secundaria, fue la única ocasión en la que no pude mantener la boca cerrada. Mi regla cuando surgían temas de carácter social, vinculados a la política institucional o a la actualidad, de fe o de ideología, era clara: cada vez que algún alumno introducía en el aula asuntos no relacionados con la asignatura, que era Educación Plástica, sugería que esas materias era mejor que las trataran con sus padres. Pero no pude callarme cuando aquel grupo comenzó a calumniar a los inmigrantes por robar el trabajo a los españoles, por traernos culturas rabiosas, por inmiscuirse en nuestro país sin atenerse a nuestros derechos, por quitarnos el dinero público, por desvalijar nuestras casas y por tantas otras cosas, argumentos que hemos escuchado en voces públicas a gente que, después de soltar su discurso, nos vuelve la espalda para reírse pensando «Menuda barbaridad acabo de decir y cómo le tomo el pelo a la gente». Porque es inhumano creer que va en serio el empeño de alguien que quiere que pensemos así, que odiemos así.

Antes de mencionar el Nuevo Testamento intenté, con toda la calma que fui capaz de reunir, hablarles de las situaciones en el país de origen de los que emigran, de las guerras y la miseria, del hambre; incluso mencioné haber paseado por alguno de los barrios más pobres de la India, por ejemplo, allí donde la gente nace y muere en la calle. Les hablé de los desplazamientos salvajes y eternos, de la crueldad que encuentra quien tarda años en atravesar media África, prostituyéndose o sometido durante el recorrido a cualquier tipo de tráfico humano; hasta me acordé de hablarles del Tren de la Bestia que atraviesa México en canal. Y les comenté las condiciones en que viven en los océanos de plástico quienes cultivan fresas y pimientos, así como de los pisos de camas calientes, los salarios miserables que reciben y las burlas a las que son sometidos, sin olvidarme de mencionar la maldición que supone ser la diana de todos los desprecios, como el que ellos soltaban sin cortapisas. Intenté explicarles cuál es el vertedero de la globalización, dónde está la trastienda, los lugares donde aterriza la basura y la marginación, y hablarles de quienes viven en él. Pero todo eso no importaba, no pesaba nada en su ánimo, porque habían escuchado que los inmigrantes son unos cabrones y nos están desvalijando.

No solo terminé por invitarlos a hablar con el sacerdote, un tipo joven que vestía de negro y usaba alzacuello, un buen chaval, sino que salí a buscarlo para pedirle que por favor les interpretara la parábola del buen samaritano. Cuando le expliqué lo que había sucedido, abrió mucho los ojos y me dijo que no me preocupara, que hablaría con ellos.

«Caballeros urbanitas, ¿qué os sorprende? ¿Que haya sufrimiento o que yo sepa que existe?». La cita es de Thoreau, aunque yo recuerdo haberla leído en un libro de Annie Dillard.

Acostumbrados a que todas las flechas aciagas que lanza la vida den en otras dianas, paseamos prestando atención a placeres y errores efímeros, alejados de los males desmesurados que acompañan el rodar del planeta. Y estos males pueden llegar a tener tanta potencia que duele mirarlos. Y así, si giramos la vista hacia otro lado será creyendo que de este modo salvamos nuestra entereza, ese bienestar que es más bien hedonista y que, miserablemente, atribuimos a un exceso de sentimentalismo.

«Lo siento —decimos—, pero mi sensibilidad no me permite verificar que existe esta canallada, esta revuelta, estos actos de terror, estos festivales de sangre y vísceras, de satanismo y espanto, no puedo soportar verlo. Mi sensibilidad no me permite aceptar estas crisis, como la emigración, no me permite prestar unos minutos de mi tiempo a la compasión por el que sufre».

Hemos hablado de crisis refiriéndonos a la emigración, pero una pandemia o un terremoto pueden ocasionar una crisis, mientras que esta situación implica acción humana desde el primer empuje, al igual que sucede con las guerras, y por tanto comparte con ellas ese factor, que somos nosotros, que es nuestra faena, y que posiblemente, como casi todo lo que emprendemos, suponga la búsqueda de algún beneficio por parte de algún millonario.

Basta acercarse, por ejemplo, a la película *In this world,* de Michael Winterbotttom, para entender que cualquier otra forma de viaje empalidece, se queda en mera travesura infantil, al lado de odiseas como las de los dos jóvenes afganos que intentan llegar a Londres, partiendo desde un campo de refugiados y atravesando medio planeta. El viajero puede moverse acompañado, pero es en esencia un tipo solitario: alguien que acude al encuentro de lo que la suerte quiera traerle. Eso que, para nosotros, es un rito en el desplazamiento, para ellos es una pesadilla, pues su suerte estará en manos de sicóticos sin escrúpulos. Decimos pesadilla ajustando el lenguaje, porque ellos se embarcan en un sueño, en la búsqueda y en la lucha por un sueño. Pero su humillación será tal que ni siquiera se les permitirá lamerse las heridas. Parten sin preparación, sin previsión, sin aprendizaje, sin dotación adecuada, sin apenas dinero y hasta sin salud. Se convierten en vagabundos, en polizones, en mendigos. Y en esa pobreza estará presente un inevitable sentimiento de culpa por huir, por sufrir, por no conseguir cumplir las promesas, por alejarse de lo que era su identidad.

Ahí está presente el tema esencial de la inmigración: la imposibilidad de volver a tener una patria. Y no nos referimos al patriotismo de bandera, sino al concepto de patria que se entrelaza con la infancia: el lugar donde fuimos felices jugando. A ellos no les queda más remedio que echarse el coraje a la saliva y pedir cualquier modalidad de limosna. Al que se exilia se le niega el derecho a la nostalgia, será como el preso que se fuga, que no cesará de mirar a su espalda y a su pasado con miedo y con un arrepentimiento obsceno.

Ese pasado habita, o habitaría, en lugares a los que no podríamos ni siquiera adjetivar como fronterizos, en el sentido legendario en que utilizamos este término en nuestra narrativa. Si quisiéramos visitarlos, tal y como podemos hacerlo quienes no tenemos coraje como para viajar hasta allí, será a través de la mirada de otros, de los corresponsales y de los testimonios de sus habitantes. Comprobaremos que cada minuto de existencia es una epopeya, que hay épica en la necesidad animal de seguir respirando y en la lucha por sacar la nariz fuera del agua, que esa existencia carece de futuro y preferiría carecer de memoria, porque la vida puede ser una abominación y nosotros, almas quietas, nos quejamos cuando apenas nos sopla en la nuca.

Este emigrante, el que huye del territorio nocivo, hará de los mapas una farsa, al menos en su ideario, para así atreverse a traspasar las demarcaciones físicas. Se verán arrancados de sus familias, o puede que partan con sus familias y se vean obligados a observar cómo estas se despedazan por el camino. Se trata de personas que no se pueden permitir el lujo de una mala crisis de ansiedad, pero que contienen ansiedad en tan alto voltaje que un día de su vida serviría para iluminar la Gran Manzana durante el resto de los siglos. En sus lugares de origen se impone una perpetua convivencia con la muerte, y puede que hasta con esos grupos armados que llegan a obligarlos a asesinar a parte de su familia para salvar la vida propia. Pero allí, entre esa existencia en los peores límites de la herida, los cronistas que nos hacen llegar sus voces, la gente que puede ser los ojos a través de los que consigamos verlos, aseguran que han sido capaces de encontrar solidaridad, convivencia, generosidad, tribu.

Hemos mencionado demarcaciones y eso supone evitar la palabra maldita, «frontera», que es la línea que define la emigración. La frontera marca territorio, es decir, crea barreras, separa a la gente. Delimita el relato de la tierra prometida apartándola de su antónimo, la tierra negada, repugnada, y está, por tanto, vinculada a una de las grandes estafas de la civilización, pues la frontera oculta con frecuencia esclavitud: los esclavos vienen del otro lado de la frontera o han nacido de quienes vinieron de más allá de la línea de demarcación. Podrán ser súbditos y hasta vasallos, pero jamás hombres libres en los términos en que lo entendía Aristóteles: no vivir bajo la coacción de otro.

Ese mito de tierra prometida al que se entregan quienes agonizan, a veces durante muchos años, para llegar a una frontera y luego intentar cruzarla con demasiado riesgo, puede terminar en muerte si consigue su objetivo, como sucedió durante la construcción de estadios para los mundiales de fútbol de Catar, o como sucede en la costa desde la que se contempla el mar que separa África de Europa, una frontera extensísima, donde el precio para sufragar el salvaje desplazamiento es el propio cuerpo y cualquiera de las sustancias de las que estamos hechos.

Que ese precio quede supeditado a una creación humana, la frontera, a un conflicto que han inventado los hombres, nos vuelve a llevar a la idea de que estas situaciones que llamamos crisis se parecen en exceso a una guerra. Estamos acostumbrándonos a utilizar términos bélicos cuando hablamos de catástrofes, como pandemias o terremotos, pero si algo caracteriza a la guerra es que todo lo que la conforma tiene su génesis en las creaciones del hombre.

El alma es aquello que se quiebra con la guerra y que solo la dignidad puede mantener entera, esa dignidad que susurra que al final del todo no debería estar la rendición. Expuestos a casi todas las formas de desesperación que se nos ocurran, no se puede ser otra cosa que anarquista, en el sentido más estricto del término: quien cree en las personas, pero desconfía de los grandes grupos, y eso incluye a los Estados, que son quienes marcan las fronteras. Sigue siendo necesario hablar de las mujeres que arrojan bolsas de comida a los emigrantes del centro y del sur de América que cabalgan el tren que atraviesa México, de quienes mantienen la decencia en tiempos de furia, en los tiempos en que el hambre desnuda formas de violencia que en otras circunstancias seguirían escondidas.

Nos recuerda Suketu Mehta, en *Esta tierra es nuestra tierra,* que la mayoría de los migrantes actuales son mujeres que acuden a las ciudades, y nos hace retroceder hasta sus lugares de origen, que abarcan la mayor parte de la geografía mundial, para hacernos caer en la cuenta de que la piel de la tierra se está llenando de huérfanos.

Científicos, capitanes de la Armada, embajadores, comerciantes…, se trata de otros nuevos tipos de viajeros, a los que cabe añadir aquellos para los que una casa es un lastre, ese puñado de personas para las que fundar un hogar permanente es peor que los viajes más horribles, o quienes se van quedando sin lugar a los que exiliarse pues allí donde den con sus huesos encuentran algo de sí mismos y echan de menos la juventud.

El primer caso es el de Marta Gellhorn, el segundo el de Stefan Zweig. Para ambos, librarse de las posesiones era una manera de sentirse libre, de arrancarse grilletes. Leemos sus viajes pensando que nos explican el mundo y, sin embargo, uno no deja de dudar acerca de esa costumbre de escuchar a un paracaidista que acaba de caer en el Chad como si fuera un especialista nutrido en estudios sociales antropológicos de la región, con una atención mayor a la que prestaríamos al africano descendiente de muchas generaciones afincadas en Yamena tratando de explicarnos su país.

El fenómeno pertenece al ámbito de algo que, a falta de un término mejor, llamaremos sistema, aunque podríamos referirnos a él como globalización, o mercado, o darwinismo social o darwinismo económico. Un sistema que obedece a una inercia que se remonta a cientos de años atrás y que se disfraza de tendencias culturales, de tradición, de religión, de ser mejores cuando amamos lo que es nuestro, y lo nuestro se caracteriza, sobre todo, por la proximidad física: poco importa que sea horrible mientras esté cerca.

Todo ello actúa sobre nuestros cuerpos y son argumentos esgrimidos por quienes toman las decisiones en los Estados modernos, que hasta la fecha han demostrado ser puros regímenes de distribución de poder. El poder se distribuye en estratos y no es necesario aclarar en qué estrato se hallan estos vagabundos, estos desterrados, humillados y ofendidos, los emigrantes que, con motivos evidentes, tratan de recalibrar los lugares a los que llegan para formar una nueva tribu, entendiendo la definición de tribu en el mejor sentido posible: allí donde quienes nos rodean son refugio, son consuelo, son compasión, son armonía; son, en definitiva, amigos.

Vinculamos el fenómeno de la inmigración a los suburbios, al lugar donde los extranjeros saben qué lugar ocuparán; saben, por ejemplo, que en muchas ciudades del sur de Europa las nigerianas que migraron sujetas a engaño serán prostitutas, porque la mentira parece ser una parte fundamental en las fundaciones y el sustento de las ciudades: en Bombay o en Ciudad de México uno puede ver a escribientes en los soportales sirviendo a inmigrantes analfabetos que dirigen cartas a sus familias, cartas en las que una prostituta se hace pasar por teleoperadora, gracias a que el anonimato de la ciudad le permite inventarse un personaje.

Si hay un rasgo que caracteriza a las ciudades este es que la gente no se conoce. Por eso están llenas de historias pequeñas, por eso son tan desproporcionadas. Por esa razón los inmigrantes seguirán luchando por alcanzar las promesas, que serán parte de su relato, que será la ilusión a través de la que intentarán romper tabúes como los estratos sociales. Las prostitutas, los que bajan a las alcantarillas, las que limpian retretes, las que cambian pañales de ancianos, los que intentan vender flores en las discotecas a altas horas de la madrugada, los condenados a padecer VIH, los que solo encuentran consuelo en el vodka y los clandestinos viven en un lugar donde ni siquiera llegan las leyes de la frontera. Nosotros no seremos capaces de comprender, en condiciones, qué ocurre en el alma de todos ellos, dentro del cuerpo de quienes no pueden permitirse tener sentido del honor, tal y como lo hemos mitificado, en un ambiente en el que el hambre te puede transformar en medusa. La pobreza es vil, sórdida, y elimina el futuro.

Y, a pesar de todo, el barrio está lleno de buena gente. Hay luz porque no se agotan las ganas que tienen de vivir. Lo que importa es el afecto, es la ayuda mutua, no la mercantilización que nos obliga a enseñar a los niños por competencias hasta en las escuelas, que nos empuja a enseñarles a competir, a ser mejores en la competición. Una vez que triunfan, eso sí, se les permite la caridad para equilibrarse, para saber que no han perdido la condición humana. Pero la caridad es cualquier cosa menos una virtud. La caridad no debería existir, no debería ser necesaria. La caridad da carta de naturaleza a la miseria: sin pobreza, la caridad no tiene sentido.

Es posible que de entrada debiéramos pensar en incrementar la tolerancia y eliminar prejuicios, para lo cual conviene conocer más acerca de cómo viven los inmigrantes. Los prejuicios son violencia, como la que mostraron aquel día mis alumnos, que, por otra parte, siempre me parecieron buenas personas. Lo que ocurre es que estaban sujetos a la propaganda, a la histeria epidémica divulgada por redes sociales, a la facilidad con que calan las consignas, a todo lo que tiene de pegadizo la crueldad, que es algo de lo que se aprovechan para promocionarse quienes participan en demasiados medios de comunicación.

La ciudad, que suele ser el destino del viaje del desterrado, debería ser la gente. Esto podría llevarnos a decir que también es la ausencia de gente o de relaciones, como la que sucede a nuestro alrededor en los lugares que lideran eso que llamamos estado de bienestar —Camberra, Ginebra, Calgary, Luxemburgo—, lugares que pueden ser mortalmente aburridos y que en muchos casos carecen hasta de los inmigrantes pobres que cooperarán en el caso de que una catástrofe natural los lleve a la ruina. Como ocurrió, recordamos de nuevo, durante las inundaciones de Bombay, en contraste con las de Nueva Orleans, donde la mayor parte de los habitantes se limitó a esperar la actuación de alguna administración, incrementando así el número de damnificados y muertos.

El meollo de la inmigración es cómo mantener a flote la dignidad contra la tortura, el exterminio, el exilio, las pérdidas. Y por dignidad entiendo, con manifiesta inocencia, lo que transmite Will Kane, el protagonista de *Solo ante el peligro.* El meollo de la inmigración son las lágrimas encarceladas y el valor de derramarlas o tragárselas, la desmitificación del romanticismo que se atribuye a la pobreza convirtiéndola en otro mito burgués, la valoración de la persona como ser humano y no como animal político que se mueve dentro del amparo de los gobiernos de las sociedades.

«Pero pronto todo eso desapareció también y solo quedó la oscuridad y un sentimiento terrible, como el que se tiene después de un sueño desagradable y siniestro», escribe Anton Chéjov acerca de su paso por la isla de Sajalín, esa remota prisión en la que se castigaba con crueldad a quien el sistema de justicia consideraba un desalmado. La pregunta que flota a lo largo del relato de su visita a Sajalín es la misma que hoy nos podemos seguir haciendo cuando nos detenemos a considerar los días y las noches de los parias, acerca de si ellos también se cuestionan esas razones fundamentales de la vida que nosotros podemos formular: ¿Quiénes somos? ¿Adónde vamos?

La tragedia sucede lejos y siempre atañe a otros. Eso nos reconforta. Puede que la piedad nos lleve a enviar ropa a través de la Cruz Roja cuando conocemos la diáspora de un pueblo de Asia, pero después de unas semanas el supuesto buen sentimiento se habrá diluido en la sopa que cocinamos entre el trabajo, el hogar, la cafetería, el coche y los telediarios, a lo que cabrá añadir el dolor de espalda o la jaqueca de todas las mañanas. Los otros, los que vienen de lejos, viajan muchos kilómetros y puede que lleguen a ser nuestros vecinos, pero no cesan de ser ajenos, de estar lejos.

Busco, entre el desastre que es mi archivo de vídeos desde la última mudanza, el documental *Balseros,* porque recuerdo vagamente la suerte de una de las parejas.

En 1994 el Gobierno cubano anuncia que no detendrá a los botes que quieran abandonar la isla rumbo a Florida. Siete años después, el mismo equipo de reporteros que se desplazó a la isla para grabar la fuga regresa con la intención de encontrarse con varios de los protagonistas, la mayoría de ellos dispersos por el territorio de Estados Unidos. Una de las parejas ha sido acogida por una comunidad que parece estar constituida por la mayor parte de la clase acomodada de una población del nordeste. Allí los inviernos son largos, nieva, las casas son grandes y todo el mundo dispone de un jardín que siempre está bien podado; allí las cocinas huelen a pastel de carne y todas las familias tienen al menos una mascota. Los encuentros suceden dentro de los hogares, compartiendo zumo de arándanos y hamburguesas, mientras ven los partidos de béisbol, y lo más atrevido y antisistema que a uno se le puede ocurrir es encender una vara de sándalo; allí se vota al *sheriff* del condado, uno de los encargados de proteger la seguridad en un lugar donde apenas existe delincuencia.

En una de las escenas más significativas del documental, vemos a la chica llorar desconsoladamente: se trata de uno de esos llantos que se han ido cargando tras acumular un malestar indefinido durante un tiempo excesivo. Entre los emigrantes, esa explosión es una de las muestras de afección del síndrome de Ulises, que se define por el estrés emocional de quien ha dejado atrás el mundo que conocía debido a la presión de situaciones extremas. Cuando la mujer solloza, podemos descifrar algunas de sus palabras, quejándose de que allí, en Estados Unidos, en el territorio que idealizamos a través de las películas y series de televisión de sobremesa, no puede hacer nada. Se tapa la cara con ambas manos y explica: «No puedo ir a la playa con mis amigas, no puedo salir a bailar».

Su marido la abraza por la espalda, con ternura, con la intención de sanarla sabiendo que ese cariño será insuficiente, y declara, con un aplomo inocente:

«Es que ese es el precio de la libertad».

Ante esa respuesta, uno siente la tentación de recurrir a una interpretación con cierto punto de cinismo. Pero la pregunta que a mí me surge es: ¿desde dónde está uno dispuesto a leer un país antes de llegar a él y durante su estancia: desde la libertad que cree vivir el muchacho o desde lo que identifica como libertad la muchacha?

Nuestra historia contemporánea es de sufrimiento. Aunque lo escondamos debajo de la alfombra, no debemos equivocarnos de relato, porque si lo hacemos, nos veríamos abocados a la esquizofrenia. Y ese mal no tiene cura: apenas se mantiene inerte con fuertes dosis de sedantes.

¿Nuestra historia contemporánea es de sufrimiento? La frase la habría firmado Cioran y muchos se habrían sentido identificadas con ella. Probablemente sea una exageración generalizarla. Pero sí es cierto que no deberíamos equivocarnos de relato cuando hablamos de los exiliados, que sufren, y a los que el acceso a los sedantes no les está garantizado. Incluso para un mendigo de Ghana que conserva media hogaza de pan podrido como único alimento para la semana que empieza existe, en algún lugar, el paisaje de un valle verde donde el cereal se ondula al viento.

La realidad es dura y frente a ella podemos esgrimir siempre las pequeñas cosas que formaron nuestra educación sentimental, las libertades que aprendimos, aunque se trate de libertades pequeñas, como saltar una tapia para robar unas cerezas o comprobar que la cadena de nuestra bicicleta quedó bien engrasada. Esos espacios conviven con las cloacas, con los desahucios, con el sufrimiento, con los pozos insalubres donde se cobijan los inmigrantes. Esta aldea global es cada día más aldea, cada día se reduce más y su relato resulta muy sencillo, hasta el punto de que podríamos evocar, para explicarlo en un resumen que quepa en una línea, aquella sentencia de Albert Camus que reflejaba que existen dos tipos de personas: «Uno no puede ponerse del lado de quienes hacen la historia, sino de quienes la padecen». Viajar con Enayat y Jamal, los dos muchachos afganos que protagonizan la película *In this world,* no siendo nosotros los emigrantes, garantiza que sintamos unas emociones que no son nada fáciles de reconocer, pues provienen de otra parte del mundo, de otro estrato. Pero seguro que nos aturden, que nos sacan de la duda básica existencial, la que podemos plantearnos acerca de si vivir merece la pena quienes tenemos una vida más o menos cómoda, más o menos sofisticada. Las emociones que sentimos durante la proyección de la película solo podremos integrarlas con el paso del tiempo, tras contrarrestarlas con nuestros sueños, con nuestras ilusiones. Podremos ir incorporando a esas emociones otras distintas, que nos ayuden a diluirlas un tanto, aunque muchas de ellas vendrán de cualquier vía de escape, incluidas las de los viajes propios. Pero de vez en cuando la memoria sentimental nos las devolverá, tal vez leyendo *Hermanito,* o *Refugiado,* o *Un largo camino,* tres testimonios que nos mandan al abismo humano, que hacen empalidecer cualquier otro tipo de experiencia, que convierten nuestras aventuras en estampas turísticas muy idiotas. Cuando nos desplazamos, al contrario que ellos, no caminamos entre cadáveres, no sobrevivimos al acoso sexual y a la violencia de los fusiles, no sentimos el sufrimiento constante. Su voluntad es un combustible que no somos capaces de concebir, que no podíamos imaginar que pudiera encontrarse dentro de ningún cuerpo humano, y tal vez sean el último indicio de que todavía se puede confiar en las personas.

Sobre la autoestima

En algún momento hemos mencionado que existen dos tipos de personas: los que viven para adentro y los que viven para fuera. Los primeros son quienes protagonizan la tendencia al viaje, la turística, los que rompen, en una u otra medida, la rutina, los que buscan fuera algo que no tienen dentro. Los segundos valoran lo conocido, la regularidad, la mera sensación de creerse más seguros y permanecer cerca de aquello para lo que viven; son, en cierta medida, nativistas.

Como nadie está en uno de los dos espectros de forma pura, cuando la tendencia turística se impone, se decide viajar. Y el viajero regresa cuando la tendencia nativista retoma el lugar principal en sus inquietudes. Esta forma de vida, la nativista, opta por la seguridad, que está entrelazada a la rutina como la enredadera al tronco del árbol. Viajar significaría adentrarse en otras costumbres, deshacer aquello que creen que los sostiene, una ruptura temporal con la seguridad del hogar y con los lazos que los atan a ciertas personas, a las que consideran su tribu. Viajar supondría, para ellos, serrar la rama del árbol en la que están sentados. Si no pueden anteponer los beneficios, o los supuestos beneficios del viaje, partir los mortifica. Esa ruptura con lo que les da seguridad, con lo cotidiano, puede ser brutal para las personas con baja autoestima, que con frecuencia recurren a las malas noticias que aparecen en los medios de comunicación para justificar su inmovilidad. Tras el 11-S, mucha gente renunció a subirse a un avión.

Viajar implica un riesgo, que intentamos fiscalizar de antemano, un riesgo que le cuesta aceptar a quien pretende tener el control sobre cualquier cosa que sucede a su alrededor. Ese desafío se solventa con paquetes de viaje organizados en los que se incluye todo, paquetes que están diseñados para que puedan salir las personas con baja tolerancia a la incertidumbre. A lo que se añade la opción de volver siempre, cada vez que se viaja, al mismo destino. Aunque ninguna de las dos alternativas solventará el problema de quien siente miedo. El miedo es libre, nos dicen, en una sentencia que podríamos pensar que no es exacta: el primer impulso del miedo no es elegido, pero luego sí podemos elegir qué hacer con él, excepto en casos extremos, como el de quien padece agorafobia.

> «Nada mejor para la autoestima que la supervivencia». Martha Gellhorn.

Hércules viajó hasta el borde del océano que circundaba el mundo, que era donde se encontraban las islas de las Hespérides, para recoger las manzanas de oro. La única forma de conseguir las manzanas pasaba por sacrificar al dragón que las custodiaba y el dragón, ya lo sabemos, quiere decir terror, un terror por lo desconocido, pues nadie jamás ha visto los verdaderos ojos de los dragones.

Superar el miedo, ir más allá de la tierra conocida, recomponerse, hacerse adulto, no volver a temer cerrar los ojos en la oscuridad ni a pisar el territorio sobre el que pesan leyendas de peligro, no sentirse intimidado, no temer violar las leyes absurdas y convencionales de los demás, atreverse a entrar como invitado a casas ajenas y a pueblos lejanos, osar abrirse paso entre una multitud con la que podría resultar imposible entenderse, todo eso es el viaje, el viaje auténtico, el viaje de Hércules. Del viaje se regresa con tres manzanas de oro, que es la fruta más sencilla, tanto como para que sea preciso cubrirla con una capa de metal precioso antes de considerarla una golosina. Esa capa dorada puede ser la memoria del viaje. A la hora de la verdad, no existe otro viaje que no sea el viaje a las Hespérides: si a lo largo del tiempo que estamos fuera no sentimos un esfuerzo, el esfuerzo de afrontar algo a lo que creíamos temer, a lo mejor los kilómetros no nos han alejado de la cocina de nuestra casa.

«Soy la persona que quiere vivir, y ahora estoy intentando hacerlo», sostiene el personaje central del cuento *El judío errante,* de Rudyard Kipling, cuando le preguntan qué era y qué hacía, por qué quería continuar el viaje.

Hasta el diablo sabe que quien no lucha es un cadáver con unas cuantas células todavía en funcionamiento. Pero el mundo es bipolar y contradictorio, no nos lleva siempre al límite de la desesperación, donde el cerebro funciona a una velocidad de espanto. Por un lado, estarán las bombas con punta en forma de ojiva que viajan en drones, y por el otro los amantes, los padres, los amigos.

Busca la felicidad a toda costa, nos dicen, y luego nos aseguran que de eso trata esta vida. Como si la felicidad estuviera en algún lugar concreto, en el sitio donde nunca nos encontramos. Como si la felicidad fuera un pozo en el desierto o el rayo del sol de invierno a la sombra de un sicomoro, o el lugar donde la gente viste túnicas de color azafrán y no conoce los traumas ni los fracasos. Como si la felicidad fuera Ítaca. Aunque es cierto que todo viaje existe para que exista Ítaca, ese lugar que para el peregrino son los leños que arden en la chimenea cuando retorna a su aldea tras cumplir el rezo en Roma o la vuelta al monte Kailas. Ese peregrino se ha alejado de la que creyó que era su frontera para volver de las Hespérides después de darse cuenta de que el dragón es un ser cubierto de unas escamas que se pueden atravesar con la espada de la fantasía. ¿Qué mayor fantasía existe que creer que uno ha encontrado la felicidad? Y si hay algo semejante a ser feliz, es creer que se ha encontrado la felicidad.

«Tras el trabajo el sueño, tras la tormenta el puerto, / la calma tras la guerra, la muerte tras la vida, son cosas que harto complacen». Los versos son de Edmund Spenser, pero la cita es conocida por figurar como epitafio en la tumba de Joseph Conrad. Trabajo, tormenta, guerra, vida: sufrimiento y heroísmo, triunfo y desesperación, con todas las etapas que caben entre ambos polos. Podemos educarnos en escuchar y expresar cada una de ellas. Nada mejor para probarse en las experiencias del viaje que ser incrédulos respecto a nosotros mismos, ignorar nuestras capacidades para abordar estas situaciones, intentar descubrir las propias facultades de superación, que tan vinculadas están a la creatividad. Supervivencia y creatividad tienen una similar potencia a la hora de reivindicar el derecho a ser uno mismo.

Viajar ofrece una gloria anónima, valga el oxímoron.

Pero desahoga, y desahogarse implica cultivar la autoestima. En este planeta las versiones posibles de ahogo son innumerables, y cada vez menos las ocasiones para un desahogo, por la sencilla razón de que la biosfera se va reduciendo y la civilización conlleva neurosis. En la neurosis está la angustia de la autocompasión y su contrario, que es la angustia por intentar evitar la autocompasión. Vivir es incómodo, porque la civilización nos obliga a pensar que cualquier tiempo pasado fue mejor, hasta el punto de poder acabar con el cuerpo estrellado contra el suelo tras saltar desde un séptimo piso convencidos de que no volverán los tiempos de las flores. Para contrarrestar cualquier tentación relacionada con la muerte, nada como volver a pisar senderos, crear más memoria y saber que podemos crear más memoria.

A nadie le gusta que le roben la certeza de que la memoria es un sueño dorado, y la de que se puede seguir generando memoria, ese tipo de memoria que nos hace echar en el olvido cualquier maldad en tiempos de infancia. De ahí vendrá esa impresión de que cualquier tiempo pasado fue mejor. En realidad, se trata de una estrategia de supervivencia que hasta el cristianismo ha adaptado en forma de divinización: o uno retorna al ser que era en la infancia, o se le cerrarán las puertas del paraíso. Lo contrario a la promesa del reino de los cielos es la muerte; lo contrario a la muerte, resolviendo el silogismo, será la infancia.

Si uno llega a la vejez, es muy probable que se sienta atado a los tarros de pastillas y piense que ha naufragado cada vez que se echa una batería de ellas al coleto. «La vida ha sido», se dirá. Uno ha pasado sus días y sus noches aguardando a que sucediera algo a lo que llamar vida, y de repente se encuentra dudando de si las pastillas son la tabla a la que asirse en el naufragio, si bastan para aspirar a ser un pequeño dios en su pequeña morada.

Nadie se ha librado, en algún momento de su vida, del rostro bermejo que acompaña al grito «Quiero desaparecer». La dignidad también trata sobre la imposibilidad de olvidarse de la vida, que es lo que hacemos cuando todo va bien. Si nos echamos a llorar, fulminamos el asombro de sentirnos vivos. Lo único útil para hospedarse en este planeta es salir a buscar la vida, caiga quien caiga, sabiendo que es muy posible que el que caiga sea uno mismo.

«No somos nada», nos repetimos, pero deberíamos seguir la frase con una comparación: no somos nada si nos enfrentamos a qué. Entonces nos daremos cuenta de que sí, de que somos mucho. Y que por la noche siempre estará ahí la estrella polar marcando el norte, la dirección que debemos seguir para no perder el camino. La palabra «desnortado» no es gratuita: el norte es el destino de las aves que regresan tras pasar fuera el invierno.

> «No hay ira en aquel que nada tiene que defender. Nada tiene que defender el que nada posee, ni a sí mismo. Poseerse a sí mismo es poseer un hueco insaciable». Chantal Maillard.

La emoción que mueve el mundo

La emoción que mueve el mundo no es el amor, es el miedo. La idea no es mía, la leí en un los diarios de Paul Bowles. El miedo es algo que uno siente rasgo a rasgo, segundo a segundo. Tenemos miedo a los cambios y tenemos miedo a la permanencia. Como si no existieran ya las estaciones. Tememos tanto que el azar nos gobierne —y el azar puede significar cambios o permanencia— que terminamos por agarrar demasiadas veces el ancla de la fe.

¿Es más valiente una pequeña metamorfosis que empeñarse en ser la misma persona? Viajar supone, o queremos que suponga, metamorfosis. En el fiel contrario colocamos, con idéntica intención de no movernos de la leyenda, el *spleen* moderno, el reflejo de la angustia de lo cotidiano, el tedio, que es tiempo o conciencia de que existe el tiempo y que su transcurso nos deteriora. A lo más que podemos aspirar, si nos quedamos quietos, es a una especie de erudición de lo inútil, a conocer lo que se borrará porque somos conscientes de que casi no existimos.

Pero en la experiencia del miedo también está la experiencia de lo sublime, que implica disfrute a la vez que terror. Los famosos versos de Rilke dictaban algo así como que la belleza es la cantidad máxima del terror que somos capaces de sobrellevar: «Pues la belleza no es nada / sino el principio de lo terrible, lo que somos apenas capaces / de soportar, lo que solo admiramos porque serenamente / desdeña destrozarnos. Todo ángel es terrible». El propio Rilke nos consolará más adelante: «Deja que todo te suceda, / la belleza y el terror. / Solo sigue andando, / ningún sentimiento es definitivo».

Es en esas fronteras donde ubicamos lo sublime, entre lo relajante de la belleza y lo sobrecogedor del horror, en una impresión que calificaremos de apabullante y que encontramos en escasísimas ocasiones.

Nuestra experiencia de lo sublime es mixta, implica placer y dolor y peligro. Todo lo que de algún modo es terrible podrá ser fuente de lo sublime en las circunstancias adecuadas, podrá proporcionar ese placer que bordea el dolor, que son dos sensaciones muy humanas. Las sensaciones sublimes, que salimos a buscar en el viaje, surgen de cosas terribles que están cerca, pero no demasiado cerca. Viajar será, para nosotros, habitantes del *spleen,* mantener la distancia. Lo contrario supondría demasiada intensidad, que es algo a lo que tememos, porque si sentimos a lo bestia, nos sabremos solos, inevitablemente solos, frente a unos sentimientos anchísimos. Entonces nos juzgaremos desbordados por el lamento o por el odio, la piel no bastará para contener lo que sea que sintamos.

Geoffroy Delorme vivió siete años en el bosque, tratando de convertirse en el ser con el que titula las memorias de esos días, *El hombre corzo,* y tras reseñar esa etapa de su vida concluye: «Los animales me enseñan que cuanto más pienso, más me atrapa la sensación de peligro». Pensamiento y peligro, o lo que viene a ser lo mismo: a más razonamiento, más miedo. Delorme nos habla de algo esencial al ser humano, de lo que nos separa de lo salvaje: cómo manejamos y vinculamos la inteligencia y los temores, a veces de forma canalla, justificando cobardías y agresiones. La seguridad, que es a lo que pretende llegar esta neurosis, esta obsesión por eliminar los miedos a través de razonamientos, es una ilusión mental, una trampa que nos mantiene atados a las situaciones que se gestan dentro de esto que llamamos civilización. A la hora de la verdad, los grandes dioses de la banca no sienten más seguridad que el bohemio pobre que vende pulseras en las esquinas.

Pretendemos enfrentarnos a cierta falta de seguridad —eso sí, de forma bastante controlada— durante los viajes, donde reclamamos no ya el derecho a la felicidad, sino el derecho a buscar la felicidad como antídoto contra el miedo.

El otro antídoto que cree haber creado nuestra civilización es la ciudad, la inercia conocida de las ciudades; de hecho, los viajes —que viene a ser casi tanto como decir las vacaciones— no se dividen entre quienes van al mar y quienes van a la montaña, sino entre quienes visitan ciudades y quienes intentan visitar parajes naturales. En lo que atañe a visitar ciudades, confieso que solo me he sentido cómodo en aquellas en las que no se ha construido ningún edificio de más de dos plantas, como en muchas ciudades coloniales. Antigua, en Guatemala, es, a mi juicio, la ciudad más hermosa que he visitado.

Creemos que las ciudades otorgarán seguridad, pero la ciudad es un lugar en el que existen diferentes formas de soledades, y lo común a todas ellas es la hipervigilancia, el sistema de alerta activado frente a amenazas sociales, que a veces son muy imaginadas. Este hombre solitario está expuesto a inhibirse por un afán de autoprotección, hasta el punto de borrar la empatía de los pulmones.

«Estamos juntos en esta acumulación de cicatrices, en este mundo de objetos, en este refugio físico y temporal que con frecuencia se parece al infierno», dice Olivia Laing en su brillante ensayo *La ciudad solitaria.* Pero estar juntos no es lo mismo que estar unidos. «Lo importante es la bondad; lo importante es la solidaridad. Lo importante es que estemos alerta y abiertos, porque si algo hemos aprendido de lo ocurrido en el pasado es que el tiempo de los sentimientos no durará demasiado», concluye Laing. La clase de soledad contra la que ella riñe no es una anomalía, es un fracaso.

¿Qué daño irreversible provocan la sociedad y sus estructuras en el solitario? ¿Qué capacidad de adaptación tiene el solitario? Puede que el tiempo se le haga tan eterno que desee que termine. O que se refugie en el arte, otro de los motivos que nos llevan a desplazarnos lejos, pero en este caso se trataría de solitarios marginales, de anarquistas en el sentido en que es anarquista quien se emancipa de las organizaciones jerárquicas, gente que nos atrae por su capacidad de adaptación ante las dificultades, ante el miedo, como el miedo a no ser autosuficiente. Hablamos de algo que podríamos llamar solitud, porque es beneficio, frente a soledad, que puede ser patología: la solitud se caracteriza por no contar con compañía humana, mientras que la soledad es la angustia que uno siente al afrontar la existencia.

En este acto de resurrección que supone despertar cada día nos acompaña una música interior, porque el mapa de los sentidos y los sentimientos no se despliega en silencio. Cuando esta música desafina, caemos en la depresión. La meditación puede servir para entonar esta orquesta personal, pero la meditación no es para todos. Caben alternativas, como la escalada o el submarinismo, siempre y cuando se correspondan con un método personal de propiocepción profunda y no de una actividad deportiva.

«Habíamos sentido una intensa ansiedad y miedo. Pero debajo de eso, en un canal más oscuro de la mente, habíamos encontrado momentos de calma lúcida en los cuales nos elevamos por encima de nosotros», dice Will Hunt en *Subterráneo,* tras visitar varios lugares oscuros bajo tierra.

Soñamos con retirarnos a una isla desierta y ese refugio es un encuentro de dos sentimientos casi contrarios: libertad y miedo. Por eso lo soñamos, por la libertad, pero no llegamos a ir por miedo. Lo que desearíamos, para llevar a cabo el sueño, es domesticar el miedo hasta hacer de él un gato meloso. Mientras tanto, seguiremos siendo seres incompletos, soñando con paraísos perdidos e intentando fraguarlos sin poner mucho empeño en ello. No podemos vivir por inercia, pues vivir nos exige actuar. La experiencia exige una entrega, un esfuerzo. Para que observar sea lo mismo que sentir debemos poner nuestra voluntad al galope, tal vez incluso hacer de la necesidad pasión.

Los nómadas tibetanos claman al viento la expresión *Lho gyelo,* 'los dioses han vencido', cuando llegan a lo más alto. Para conocer el extenso paisaje que se ve desde las cimas, hay que estar preparado para la belleza, para la ternura y para el dolor. Ese dolor incluye, cómo no, la locura. Pero para definir la locura necesitaríamos definir previamente la realidad. Atribuimos dolor y locura a las consecuencias de experimentar con fracaso la realidad, pero la realidad no está del todo dibujada. ¿Qué es la realidad? Podemos describir hechos concretos, sucesos, anécdotas e incluso el argumento de una vida particular, pero de ahí a definir la realidad media una larga distancia.

«Vuelves a la realidad», me decía el muchacho canadiense a la orilla del Mekong cuando mis meses en Asia estaban a punto de terminar y él comenzaba su periplo. Como si la realidad fuera exclusiva de viajeros occidentales, los herederos de los europeos ricos, blancos y varones que viajaban en los siglos XVIII y XIX, combinando la emoción de la exploración con el placer del turista que sabe dónde está, una sensación que seguimos intentando remedar.

Al final, somos limaduras de hierro moviéndose de imán a imán. Pero no tropezamos con cualquier tipo de imán a lo largo de nuestra vida. La suerte nos la hacemos. Basta con ejercer el derecho a elegir los retos que nos cambiarán.

Se puede ascender de mil formas una montaña, pero lo importante es encontrar la propia. Durante la ruta saldrán al camino toda suerte de incidencias, incluidas las tentaciones, caeremos a los pies de los caballos y veremos al cóndor sacar a pasear al sol de madrugada. No podemos decidir si somos rubios o morenos, altos o bajos, torpes o gatos, pero sí reclamar que somos dueños de nuestro destino. Uno no puede separarse de sus fantasmas, pero si pierde una pierna puede elegir entre vivir sobre la que le falta o sobre la que le queda.

Todos hemos protagonizado nuestro particular viaje al infierno en alguna ocasión. Todos hemos sentido la máxima contaminación que supone un dolor que nos resultó impredecible. Nadie es un héroe homérico para afrontar ese aguacero de hierro fundido. Ante una situación angustiosa, muchos profesores de meditación oriental aconsejan que nos imaginemos que somos agua. De nada sirve el miedo, pero tampoco el orgullo, dictan. Lo que nos saca del apuro es sentirnos agua frente al infierno, que en ocasiones es una simple estupidez y en otras una crueldad. A lo mejor no sabemos cómo lidiar con el miedo durante una temporada, pero sí conocemos la ruta para alejarnos del peligro. Y creemos que el riesgo que corremos en algunos viajes no merece la pena. Pero una vez que conocemos el alcance completo de cualquier peligro, parte de nuestra aprensión desaparece.

Frente a experiencias que nos llevan al límite, donde a un hombre estándar tal vez le sea inevitable sentir y confesar miedo, me pregunto si el miedo no es lo mismo que los dioses, si la génesis del miedo no es la misma que la génesis de los dioses. Por lo tanto, atreverse a ese viaje temerario equivale a derrotar a los dioses, supone derrotar al miedo.

Si fuéramos más valientes, saldríamos a buscar las últimas fronteras, nuestra Alaska geográfica e ideal, la que conservamos en ese aspecto de la inteligencia que se llama ilusión y al que acudimos con demasiadas reservas. La ilusión, pensamos, es algo más allá de lo humano, y esta idea nos hace permanecer quietos. Pero incluso en el peor desierto, ese que nos ilusiona en las fotografías, se encuentra una vertiente contemplativa, casi me atrevería a decir que mística, en la que participa esa idea de Gaia en la que colaboran belleza, delirio, muerte y dioses. Se nos impone la idea de que es posible la convivencia del hombre con el paisaje de mil maneras, sin necesidad de mitificar el *Beatus ille*. Somos un barco a la deriva en un mar de dudas, pero intentaremos construir una dignidad después de reconocer que la incertidumbre es parte inevitable de saber vivir. Escribo estas palabras creyendo que me comporto como el niño que gritó que el emperador estaba desnudo, y me doy cuenta de lo cerca que estoy de tallar párrafos de autoayuda.

¿Qué sucedió con el niño que nos sacudió asegurando que estábamos ciegos voluntariamente ante un emperador desnudo? Es más probable que recibiera un castigo al llegar a casa que una medalla por parte de los representantes del pueblo, si es que el pueblo elegía a sus representantes. Querer que existan esos niños puede ser parte de la ficción que construimos: admiramos al viajero que se adentra en el peligro que no nos atrevemos a enfrentar, porque nos descubre, durante unos segundos, que el emperador está desnudo, y entonces pensamos que el miedo puede llegar a ser cosa de los demás, porque el nuestro se está diluyendo.

Luego descartaremos aquello por imposible. Y una vez descartado lo imposible, dijo Sherlock Holmes, lo que queda, por improbable que sea, tiene que ser la verdad. ¿Qué es lo que nos queda entonces?

Un concepto impreciso, un sentimiento claro

Un comentario a partir de *El sentido del asombro,* de Rachel Carson:

Nadie puede sentir temor en el bosque cuando los ruidos desconocidos, los que forja el dios Pan para asustar a los pastores, los que dan origen, ya lo hemos comentado, al concepto de pánico, forman parte de su vida, han sido uno de los fundamentos de su educación sentimental.

Sentados en cómodos sillones, estos primos de los monos que ahora somos dejaron hace tiempo de comulgar con los árboles de los que descendió nuestro antepasado para agarrar un garrote. Ahí arriba siguen habitando aves e insectos, seres medianos y pequeños que forman una población sanísima, que se integra con una vegetación siempre dispuesta a curar sin necesidad de que sus principios activos se destilen en fármacos. Es necesario recuperar nuestra capacidad de convivir en la naturaleza para eludir las neurosis que hemos inventado, enlazadas a la civilización que fuimos creando.

La propuesta de Rachel Carson es muy sugerente: apartar los datos que confundimos con conocimientos para quedarnos con la esencia vital. Y para ello, sugiere, el adulto debe abandonar esa pose de maestro que tiene algo de solemne y dejarse llevar por el sentido del asombro que tuvo siendo un niño.

En la antigua Grecia la instrucción se destinaba a los esclavos, en tanto que los hombres libres eran educados según la *paideia,* que proviene de la palabra «niño» y es el origen de lo que hoy conocemos como pedagogía. Tal vez no haya sido buena idea transformar la *paideia* en una ciencia. De hecho, la instrucción que recibían los esclavos se asemeja mucho a las fórmulas educativas actuales, las más académicas, las que no han recibido ninguna reforma contundente desde la época de la Revolución Industrial. Se forman alumnos como se extraía carbón o se montaba un coche en una línea de trabajo fordiana. Carson propone olvidar el contenido y atender al proceso. ¿Qué pretende, esencialmente, este proceso? Algo tan sencillo como mantener una curiosidad purísima, la que uno necesita para madurar, para crecer. Refugiarse en los datos que llamamos conocimiento, no implican mejorar a la persona, y en lo que atañe a la madurez no cabe quedarse estancado: si uno no progresa, retrocede, se hace cada día más pequeño.

De la mano de un niño, Carson acude al bosque para conversar con él como conversaban los hombres libres, los que se estaban formando como ciudadanos en el ágora. Lo que sucede es que la conversación con la naturaleza no es igual al diálogo socrático. Se trata de un modo de conversar en el que uno se funde con el paisaje, convencido de que el paisaje nos construye más de lo que creíamos. Como lo demuestran las neurosis vinculadas al nervioso mundo urbano. Como lo han demostrado Thoreau, Amy Liptrot o Wendell Berry.

Contar constelaciones y luego echarse a dormir. Creemos que esta es la esencia de viajar, algo que se asemeja a la reseña que haríamos del día en que nos sentimos libres. Esa libertad, con la felicidad que conlleva, pertenece a la magia, no a la ciencia. Tal vez sean escasos los momentos de libertad que conquistamos, pero podemos educarnos para mantener esa respiración casi siempre. Respirar así podría asemejarse a la consistencia de la sabiduría, y la sabiduría se parece, a su vez, al aire, que seguramente no sea nada. Pero sabemos que goza de toda la libertad o de alguno de los factores comunes a todas las libertades. Uno de ellos es el ansia de paisaje, que tanto se relaciona con el viaje y compensa el escollo que puede suponer el tipo de gente que nos ata.

«La libertad, en fin, es llevar una vida en la que uno no tenga que preocuparse por la libertad», escribe Svetlana Alexiévich en *El fin del «Homo sovieticus»*, donde sus entrevistados recorren con la memoria días de mucho plomo. El hombre libre que ellos reclaman rechaza padecer el terror, pero también ejercerlo. Es una simple entrada a la dignidad, que es otro concepto que no sabemos definir, como el de libertad.

Pero sí es posible valorar quién ha vendido su alma al diablo. Porque la dignidad, como todo lo bueno, es inconmensurable, no se puede medir, pero la venta de almas al diablo sí se puede contabilizar.

No sabemos cómo afecta al bien de los demás llevar una vida digna, pero calibraremos a la perfección el impacto de su opuesto, que es la maldad, porque nos damos cuenta de la mella que hace. No sabemos cuántas vidas han salvado los paseos por los bosques o por la orilla del mar, pero guardamos un registro exacto de los muertos que provoca una bomba. Nos pasaremos la vida creyendo que debemos intentar dejar atrás la mugre que han provocado las bombas para llegar a los lugares donde cantan los mirlos y ríen los niños. Salimos ahí afuera, separándonos de la casa, con una pose de vagabundo que habla solo, intentando responder a preguntas que se atoran en mitad de los veinticinco gramos del alma, y cuando los índices de hemoglobina están por debajo de lo que requiere la salud, escuchamos una voz que dice «Ya no puedo». Este retrato es el de un existencialista de andar por casa o del que viaja por territorio sudamericano tomando conciencia de su propia insignificancia.

Viajar nos debería volver más humildes, porque también nos permite conservar el valor de nuestro lugar de origen, que bien puede ser destino para otros viajeros. Hay que partir conscientes de que la actividad del viaje contiene algo de huida, que en muchos casos es tanto como decir algo de sensatez, porque pretende dejar atrás un mundo adulterado y teatral, que puede encontrar sincero quien llega hasta él desde muy lejos. Lo que sí nos garantiza es tomar conciencia de que todavía conservamos cierta posibilidad de elegir, y eso supone, también, la de elegir lo bueno: pocos síntomas de libertad son tan patentes como el de haber elegido la flor del cactus como el ser más hermoso de la creación.

El desplazamiento sitúa al observador ante un límite. Y el viaje nos coloca, principalmente, como observadores, como tipos dispuestos a sonreír ante la sorpresa. Esa sonrisa es lo que más le importa conseguir al viajero, incluso frente al malestar próximo a la resignación de la descabellada vida de alguna de las grandes ciudades chinas. Lo que nos hace perder la sonrisa es tocar el piano con guantes de boxeo o sacar a pasear al perro tras calzarle botas de hormigón, no las amapolas negras que brotan durante el viaje.

Como los leones, como los tigres, estamos sujetos a la superficie de la tierra y se nos niega la libertad del vuelo. Esa libertad, la del vuelo, solo podemos disfrutarla como proyección o como suicidio, pero sigue siendo nuestra metáfora favorita. Partir de viaje supone dejarse llevar por la seducción, como si quisiéramos arrimarnos al vuelo sin volar en una última tentativa, porque no sabemos si podrá repetirse el intento. Esto supone que viajar debe tener algo de elegía, de epifanía y, sin duda, de brújula o de canto de sirenas. Viajar supone emigrar por seducción.

Que la cosa más importante del mundo es saber ser para uno mismo, es algo que se deduce de la lectura de Montaigne. La propuesta puede querer decirnos que uno no deja de ser el recipiente donde sucede el pensamiento, pero que ese pensamiento lo que hace es enturbiar el aire.

«Si fuera capaz, querría escribir solo aire». La frase es de Suso Mourelo, y refleja la contradicción de escribir, pues las palabras rompen el hermoso silencio y nos mantienen a la espera, atendiendo, afectados por lo que percibimos. La felicidad, o este modo de felicidad, se confía a la mirada, no al objeto que tenemos enfrente. No todo está podrido, como demuestra la frecuencia con que se produce el asombro sin decepción. En ese asombro se concentra también la creatividad, que durante el viaje tiene una potencia semejante a la del sentido de independencia.

Al fin y al cabo, el que ha nacido para ser colgado no necesita temer al agua.

Pero para sentirse viajero no basta la libertad de movimiento y saber que uno nació para ser colgado. De hecho, la dificultad para sentirse viajero nos llena de dudas, hasta el punto de que cabe preguntarse si el único viaje posible no será el que regresa desde el pasado, atravesando una memoria que lo limpia de toda condena y lo transforma en el reflejo de quienes hemos querido ser, el tipo ese que fuimos cuando tuvimos la oportunidad de inventarnos, como sucede durante el viaje, cuando tuvimos la sensación de ser, por fin, libres.

Además, el pasado es poético. El pasado es sentido, es una experiencia emotiva, y no hay mayor fuente de libertad que reconocer que en el interior ya hemos partido de viaje hacia un mundo emocional. La ansiedad y nuestras limitaciones se reconcilian en ese relato. Ahí reconocemos la falsa felicidad de la tarjeta de crédito, pero también el mito de la superación personal.

Felicidad, libertad, superación personal, limitaciones, emociones. ¿Hablamos del ámbito de la ética, con sus miles de discusiones y sentencias? Sin embargo, la ética solo tiene una raíz, y esta es el cariño. Nada de andarse por las ramas, ahí arriba, en el espacio. Aquí, en la piel del planeta, una caricia es el don supremo de la ética, porque hace presente al otro. La caricia, como la mirada, no oculta ninguna farsa, como sí puede ocultarla el lenguaje.

La libertad en la que creo consiste en no poseer, no apegarse a nada y sentir lo salvaje. Pues en lo salvaje se encuentra algo que me atrevería a llamar la verdad. O al menos una verdad con más certezas que lo opuesto a lo salvaje, y que es la subsistencia en las urbes y esa materia que segregan las urbes, que es hormigón y asfalto, un paraje donde las relaciones humanas se acomplejan y resulta complicado sobrepasar el contacto superficial.

La libertad debería darse en un tono sereno, que no facilita el teléfono móvil, pero sí las pequeñas exploraciones a pie, y que tampoco facilitan las redes sociales, pero sí los poetas que resolvieron la pregunta básica del existencialismo: que la vida merece la pena ser vivida. La libertad es un estilo, una dedicación, una vehemencia que nos reduce a lo esencial, a lo natural, y nos enfrenta al extrañamiento de la civilización, al extrañamiento de lo artificial, como sucede cuando miramos con envidia a un pulpo, a un gato o a un ave, que no se implican en las espirales en que nos atoramos nosotros a cuenta de las razones y de los miedos. En realidad, no se trata de llegar a conclusiones, sino del proceso inherente a la sensación de agarrar la vida por las riendas, que supone no intentar domarla, porque esa tentativa genera ansiedad, resistencias.

Para intuir lo que supone la libertad en el viaje, es aconsejable perder la guía y orientarse por el trazado de la costa, sentir así el mar, los bosques, los montes, sentir la diferencia entre el día y la noche, entre los hombres buenos y los esquivos. Intuir lo que supone la libertad del viaje supone ser ingenuo, 'nacido libre'. Hace falta mucha ingenuidad, es decir, mucha libertad, para lanzarse al mundo desconocido y preguntar por las aves míticas y los duendes que aparecen en las narraciones de los cuentacuentos, para otorgar a las nubes, o al fuego, o a las estrellas y las montañas, o a los arrecifes de coral, un valor cargado de romanticismo.

El hogar debería ser el lugar donde nos sentimos libres, y la libertad tiene un vínculo muy estrecho con la armonía, y reconocemos la armonía en lo natural, en las capas del universo que palpan lo salvaje. El hogar debería ser salvaje. Lo salvaje no es el lugar donde los pollos pasean crudos, como dijo Cortázar, sino el lugar donde nosotros paseamos desnudos, y la desnudez es un atributo del hombre libre. Carecer de grilletes y guiarse por la propia luz es lo que damos por supuesto que significa ser libre y que casi todas las personas consideran un privilegio restringido; pero creer que toda la esencia del verbo vivir cabe en el silencio de un zorro ayuda a certificar que no es cierto que hasta la piel sea un muro. Sabemos con certeza cuándo nos sentimos libres y, sobre todo, reconocemos la sensación contraria, la cárcel, la esclavitud.

La libertad, como la felicidad, es un concepto casi imposible de definir. Pero es un sentimiento claro. Uno sabe muy bien cuándo es feliz, cuándo es libre. Ayer sucedió durante la puesta de sol mientras dos adolescentes se besaban para despedirse junto a un portal. Pero la semana pasada lo sentiste en el momento en que navegabas sobre un mar azul en el que reposan las almas de tantos marineros. Otro día, no sabes bien por qué, bastó con leer los versos de un salmo: «Le pondré en alto, por cuanto ha conocido mi nombre», y como no eres creyente pensaste que se refería a cualquiera de tus buenos amigos. Hace años creíste encontrar libertad en los frascos de garrafón, pateando la noche al ritmo de la música de los ochenta. Pero donde con más frecuencia se produjo esa excitación fue donde huele a clorofila y cuando las nubes cierran el cielo para poner algo tan dulce como es la nieve sobre las praderas, las montañas, los ríos, acompañado por el silencio compartido con tu mejor amigo, con ese con quien cazaste lagartijas por el rabo en algún episodio de la infancia.

Resultaría más sencillo y más concreto si en lugar de referirnos a la felicidad y a la libertad así, en singular, pensáramos en los millones de caras que las representan. No sabemos si existe la felicidad. No sabemos si existe la libertad. Pero nadie duda de que existan felicidades y libertades, que raramente son perpetuas. Tal vez porque no podríamos soportar pasarnos cada segundo de nuestros días y nuestras noches bañados en lo que más nos atrae.

El papel, los papeles

> «Aprendí de Whitman que el poema es un templo —o un campo verde—, un lugar al que acceder y en el que sentir»
>
> *La escritura indómita,* Mary Oliver.

Estas son algunas de las cosas que Oliver considera elementos poéticos: la atención, la energía desbordante, la concentración absoluta, la ternura, el riesgo, la belleza. Y los tres ingredientes fundamentales de la poesía son, a su juicio, el misterio del universo, la curiosidad espiritual y la fuerza del lenguaje. Mary Oliver, como Walt Whitman, escribe desde esa parte de la inteligencia que se da la mano con la sensibilidad, y gracias a la suma de estos tres ingredientes elabora una de las mejores definiciones de alma que se han expresado nunca.

Leer, caminar, escribir, viajar. No seré el primero que trata de enlazar estos verbos. Todos ellos se enredan con las acciones que atañen a la memoria, que está salpicada de flores y de conflictos: construir memoria, habitar la memoria, relatar la memoria, relatarnos desde la memoria, estar en la memoria mientras nos mantenemos seguros en el presente. Hablamos de soñar, claro está, de esos sueños que se disfrutan por el sencillo hecho de poseerlos y que brotan en lo que más nos complace de lo que hemos conocido o ideado. Ser un soñador y practicarlo sin perjudicar a los demás es una forma de vida no solo lícita, sino una de las mejores maneras que existen de saber vivir. En un planeta donde demasiada gente elige no tener atributos, los sueños se nutren del misterio del universo, de la curiosidad espiritual y de la fuerza del lenguaje. Cuando creemos que es muy difícil hacerlos reales, es decir tangibles, siempre está la suerte de materializar nuestros sueños a través de otros.

He coleccionado las guías de viaje de los lugares a los que me acercaba como el que coloca banderas sobre el mapa para presumir de haber estado allí. Ojalá pudiéramos volver a ser tan respetuosos, o tan tímidos, como para despejar esa forma de avaricia, la de coleccionar destinos. Mi única aportación a este mundo ha sido maltratar las guías que compraba, por lo general, en librerías de segunda mano nada más llegar al país en el que comenzaba mi rumbo. Lo primero que hacía era arrancar las páginas referidas a los lugares que no me interesaban, para reducir peso, y luego llenaba de anotaciones los puntos que parecían encantadores, aunque demasiadas veces las guías se quedaban encerradas en la mochila durante días y días, porque era más atractivo seguir las indicaciones de las personas que me iban saliendo al camino o fiarme de mis propios pasos cuando me perdía entre las calles.

En algún lugar conocí a escritores de guías *Lonely Planet* que intentaban imprimir un tono propio a su trabajo, pero no es a estos autores a quienes me gustaría referirme. Leo libros de viajes buscando a ese escritor que es como un buen amigo. La lectura de su obra me produce un efecto semejante al de una conversación agradable con alguien a quien aprecio mucho: me ayuda a cultivarme en el ejercicio de ver, me muestra regiones que hasta la fecha estaban ocultas, ilumina rincones oscuros, amplía horizontes. Es una enseñanza que se construye sin dolor, que es uno de los ingredientes que con más frecuencia aparecen mientras aprendemos.

Hablo de Thoreau, de Emerson, de John Muir, de Herman Melville, de John Steinbeck, de Peter Matthiessen, de Edward Wilson, de Bowles, de Gary Snyder, entre otros, y porque considero que los destinos de la naturaleza y de la humanidad son inseparables, añado la tríada que forma mi debilidad: Robert Macfarlane, Bruce Chatwin y Paul Theroux.

Hablo de la identidad de la gente, de hipótesis románticas, de la riqueza de la imaginación, de la fuerza ética que aportan la duda y el paisaje. Son autores que transmiten la emoción de amar lo que están haciendo y consiguen que nosotros amemos lo que estamos haciendo, que es leer. Perdemos las prisas por llegar a ninguna conclusión, porque lo importante es caminar, sentirnos en el camino. Hacemos un poco nuestra su experiencia y sentimos alivio, consuelo. Y aquí consuelo quiere decir bálsamo, pero también quiere decir alegría.

Si viajar es o fue vivir, escribir y leer significa resucitar. Leo los libros de viajes como si se tratara de novelas, atendiendo a lo narrativo, a creerme la historia que me están contando, lo cual facilita que nos cuestionemos nuestros valores, pues no cesamos de hacernos preguntas —qué otra cosa es la credibilidad—, sin perder de vista el relato. Será el deseo de haber compartido buena parte de ese tiempo con el escritor, con el viajero, lo que transforme el libro en el viaje que desearíamos hacer, en el sueño que disfrutamos. Entramos, como en todo conflicto de amor, en las paradojas que brotan de la confrontación entre realidad y deseo. El libro de viajes tal vez pretenda reflejar algo de la realidad del destino, pero atiende sobre todo al deseo, que es la sangre y el aliento que fluctúa entre los ojos y la voz del narrador. Y este deseo nos puede satisfacer porque existe el deseo honrado, sincero, honesto, sin aristas; un deseo que no ocasione frustración, que no sea ambiguo ni incómodo.

Aprendemos en el viaje y aprendemos en la lectura, y el aprendizaje no requiere de ninguna coartada para justificarnos, porque aprender otorga validez y sentido a cualquiera de nuestros actos, de nuestras decisiones, de nuestros puntos de vista. Lo contrario son los prejuicios.

El aprendizaje tiene que ver con el llanto y con la risa, y con todas las emociones que hay en la ruta entre el uno y la otra. En alguna ocasión escuché en boca de algún intelectual que el llanto no es indicio de calidad literaria, que cuando uno llora leyendo un libro, afirmaba, no le está atribuyendo calidad literaria. Es cierto. Porque el descaro del llanto, como el de la risa, no pertenece al mundo literario sino al de los dioses, o a esa parte divina que tenemos las personas humanas. Aprender a reír y a llorar es la victoria de los dioses, y ese triunfo está instalado en algún lugar de nuestro interior que no es la razón. La dicha literaria, la que buscan intelectuales como mi amigo, por su parte, es un invento de los hombres. En realidad, la empatía es un criterio literario mucho más potente que, por ejemplo, la filología.

Los mejores libros de viajes contienen un punto de poesía épica que nos hace creer que la épica es posible, tal vez improbable, pero posible. Nos ayuda a rellenar alguno de los huecos de lo que somos o de lo que desearíamos ser. Que el autor nos muestre un poco más al yo poeta, lírico o épico, al yo de las buenas cosas buenas, nos facilitará el descanso. Y quién sabe si descansar no será la función más militante de la literatura.

Hemos hablado de la lectura de libros de viajes, pero no debemos olvidar incluir la lectura durante el viaje. Entre los beneficios de soltar amarras y partir, está el de darnos permiso para concentrarnos mejor en el instante. Eso supone ser mejor lector, como supone ser mejor en la contemplación, tal vez hasta en las relaciones y, a lo mejor, con suerte, hasta a la hora de interpretar el mundo.

Intentar conciliar lo que nos sale al paso con lo que creíamos que iba a salirnos al paso es una manera de definir el oficio de escribir, pues la ruta, que es emoción, incompetencia, tedio, aventura o epifanía, según la enumeración de Robert Macfarlane, no siempre es la ruta preferida: ideal, acogedora, brava.

Elaborar un reportaje, una crónica —que tal vez sea la forma más extendida de la literatura de viajes en la actualidad—, no conocerá otro cimiento que no sea el talento en la mirada del cronista y su acólito, que es el talento en la escritura. Los reporteros toman el relevo de los exploradores de finales del siglo XIX y principios del XX, una vez liquidado el tiempo de aquella maravillosa incertidumbre que suponían los mapas en blanco. Ahora ningún héroe se pasea solo con su gloria, esperando a que Homero lo invente, y ningún asesino tiene tanta facilidad para correr libre con su culpa. El amor y el odio han dejado de ser meteoritos de éter para convertirse en actos concretos que un espía con carné de prensa registra para los demás.

Hay que vigilar, a su vez, a estos espías, pues entre ellos también habitan inquisidores. Al mismo tiempo que depositamos nuestra confianza en ellos, porque no nos es posible obtener nuestro testimonio de primera mano, nos vemos obligados a levantar una transparente mampara de desconfianza, hasta que nos prueban que son fiables, hasta que aprendemos a leerlos. A pesar de ciertos lugares desde los que se le cuestiona, pocos casos hay como el de Ryszard Kapuściński demostrando que pueden ser nuestros ojos, nuestros oídos y hasta nuestra alma vagando por la parte baja de la tierra. Kapuściński no cesa de repetirnos que nadie nace sabiendo, que es complicado llegar a una conclusión fuera de la palpitación del aprendizaje. África, decidiremos tras leer Ébano o *Estrellas negras,* tiene una infinidad de matices que enseñarnos.

El ojo clínico de Kapuściński, y el de los periodistas que comulgan con él, es quien nos descubre la hazaña de vivir entre los camiseros de una bocacalle, cerca de un pintor mediocre, a través de la mirada de un fotógrafo adicto al hachís, escuchando a una cantante sin canciones o acompañando a un grupo de travestidos que acuden a un concierto de Mocedades, aunque Mocedades ya no exista. Esto hace del reportaje un género literario y el sustituto del teatro del Siglo de Oro a la hora de reflejar la condición humana, porque presta atención a un gesto, a un detalle, a una muestra de cariño, a un afecto sobrentendido, a una filia por un tipo u otro de actividad, a lo que sea que demuestre el valor de ser, por encima de todo, persona.

La idea no es mía, sino del maestro Borges: existe una categoría de libros cuya lectura nos hace más felices. ¿Cómo definir este mito de felicidad, el que proporciona su lectura? Bastará decir que entre esas obras él enumera *Las aventuras de Huckleberry Finn,* de Mark Twain, y *La tierra purpúrea,* de William Henry Hudson, libros que nos trasladan a la libertad de los espacios naturales, a la libertad del río, a la de las grandes llanuras. Vinculamos así el mito del viaje al de la felicidad a través del relato que se narra después de acontecido. La muerte del viaje nos concede la merced de dar paso a la ficción del viaje, a la posibilidad de relatarlo.

La tarea del viajero, sea o no periodista, consiste en asaltar los naufragios, porque la vida se fundamenta, en buena medida, en amarrarse a la tabla que nos mantiene a flote y agitar brazos y piernas no tanto para llegar a buen puerto como para evitar que la marea nos arrastre mar adentro. El relato del viaje puede parecer una fantasía, pero deberíamos creer e intentar demostrar que no lo es, pensar que es felicidad, como hacía Egeria en el siglo IV, siguiendo las cenizas del Antiguo Testamento, que le servirá de brújula, convencida de estar conociendo el lugar donde ardió la zarza. Egeria tenía no tanto la sensación de ser protagonista de su viaje como de estar reproduciendo el itinerario de otros viajes, comenzando por Moisés, y por tanto al llegar a los lugares su afán no era contemplar, sino rezar.

Advertidos de las actitudes religiosas, e incluso de las racistas o nacionalistas que subyacen a varios de los relatos de los primeros viajes, leemos los viajes de los otros o narramos el propio para mantenernos a flote impidiendo que la marea nos lleve mar adentro, sin dejar de sonreír para creernos felices. Por suerte, no existe diferencia entre ser feliz y creerse feliz, como no existe entre estar enamorado y creerse enamorado, tal y como nos demostró el Caballero de la Triste Figura.

Del viaje, o de la lectura del viaje, podemos salir bien parados si estamos dispuestos a que la experiencia nos altere. Es posible que sigamos siendo esencialmente los mismos, pero queda la sensación de que podemos estar más logrados, mejor hechos, al menos durante un tiempo, en el que estaremos afectados por unos mitos cuya función es enseñarnos el bienestar de la naturaleza o la parte bondadosa de la condición humana.

Compartir la experiencia de trasladarnos a otro lugar a través de la lectura, nos ayuda a adentrarnos más allá del polvo que ensucia la superficie. La literatura no es tanto el estilo, como nos enseñaron en el bachillerato, como la sensación de libertad, de azar, de viajar hacia una meta que quisiéramos conocer. Ahora bien, la literatura de viajes es un género literario en el que la aporía es esencial. Recordemos: «aporía» es un término griego que significa 'dificultad para dar un paso', como sucede ante la imposibilidad de resolver paradojas, razonamientos, problemas, aprietos lógicos y de índole especulativa. «Todos los griegos son mentirosos y yo soy griego» es un enigma del que no podemos resolver el origen ni los términos en que se plantea el engaño, tan sencillo como bien tramado. «Eres uno más en el barullo, en la riada de la vida, conviene que no se te olvide, antes de ponerte a dar lecciones» podría ser el enunciado de la aporía que ocupa al viajero durante el viaje, la aporía que debe fraguar antes de relatarlo. Esta idea, que aboga por la humildad, es de Miguel Sánchez-Ostiz.

Recomiendo escribir un diario durante el viaje, aunque solo sea para suplir las fallas de la memoria que nos harán olvidar el nombre de aquel pueblecito del sur de la India donde nos detuvimos para visitar un templo excavado en una cueva, a media ladera de un cerro, al igual que recomiendo conservar las guías subrayadas. Recomiendo llevar a Stendhal o a Tolstói como lecturas durante el viaje y no excederse con la documentación previa, con intentar adquirir todos los conocimientos sobre el destino antes del viaje, pues a lo largo de los días por tierra ajena recabamos mejor los conocimientos que necesitamos o que resulten más encantadores. Y, sí, también recomiendo unos pocos libros de viajes, que creo que forman parte de la mejor literatura de la historia: *El peor viaje del mundo* de Aspley Cherry-Garrard, *Arenas de Arabia* de Wilfred Thesiger, *Ébano* de Ryszard Kapuściński, *El antropólogo inocente* de Nigel Barley, *En la Patagonia* de Bruce Chatwin, *El turista desnudo* de Lawrence Osborne, *Viajes con Charley* de John Steinbeck, *El último tren a la zona verde* de Paul Theroux, *En los Mares del Sur* de Robert Louis Stevenson, *El leopardo de las nieves* de Peter Matthiessen, *Las montañas de la mente* de Robert Macfarlane, *Memorias de África* de Isak Dinesen y *En islas extremas* de Amy Liptrot.

El nómada y el compromiso

> «Me debato entre la idea del planeta como hogar —una morada de piedra con jardín, acogedora y familiar— y la idea del planeta como territorio de exilio austero donde todos estamos de paso»
>
> *Enseñar a hablar a una piedra,* Annie Dillard.

Sostengo, por intuición, que las actualizaciones del debate entre trotamundos y civilización tienen un fundamento mayormente urbano. Supongo que debido a que ahora entendemos que lo social es lo mismo que lo urbano, dado que la mayor parte de la sociedad se encuentra encerrada dentro de la invención de Caín. Romper los grilletes sociales implica romper con la civilización urbana. ¿Es entonces tan sencillo ser libre? ¿Bastaría con alejarse de las ciudades? ¿El que parte, y no vuelve la cara hacia la ciudad, encontrará símbolos y agendas que lo remitan al *antropos,* a lo propio del hombre?

La soledad ineludible es una de las principales características de nuestro tiempo, según sociólogos, sicólogos y hasta naturalistas, como Edward O. Wilson que llama a esta época Eremoceno, es decir, la era de la soledad, porque solo hay individuos y no tribus. Intentar escapar de ese aislamiento es una gran idea, pero no deberíamos hacernos daño ejecutando la decisión. No podemos pasar por el mundo sin vernos en la obligación o la tentación de tomar decisiones, de elegir, porque los conflictos son inevitables, pero para algo debería servir la memoria sentimental, esa que juzgamos que se pone en marcha en lugares de África o de Sudamérica, llenos de gente, donde activamos la intuición pura, y la intuición no deja de ser hija de la experiencia: sentimos que sabemos o que podemos llegar a saber algo, sin sistematizarlo con palabras o números, porque nos remite a las emociones y sentimientos que nos ocasionaron experiencias con algún punto de arranque similar.

Leo un apunte de uno de mis diarios que sostiene que valoramos más el concepto de viajar, que es masculino, que el de no viajar, que es femenino. Y al releerlo me resulta imposible no acudir a la película *Los puentes de Madison.*

La primera vez que la vi me pareció un estudio emocional de la dicotomía entre nomadismo y compromiso. Pero al cabo de unos meses me enredé en una comida de presentación de un libro de Rafael Chirbes, que les comentó a los periodistas su impresión sobre la película soltando algo así como que había tenido el mismo tipo de trabajos que el protagonista y que tal y tal secuencia le parecían un pastel, fuera de sitio, y hasta idiota. La película versa sobre un fotorreportero que, evidentemente, no es el admirable escritor en que se convirtió Chirbes, por lo que la coherencia entre el personaje y sus acciones no tiene por qué ser la que él se exigía a sí mismo. Pero a mí me dejó con una intriga: entiendo que ella se enamore locamente de él, del mito, de la felicidad, de lo que creía imposible, frente a lo que ella tomaba, por inercia, como la realidad; entiendo la dialéctica en esa dirección, pero no en la contraria. ¿Por qué se enamora él de ella?

Un tiempo más tarde volví a intentar verla y a los pocos minutos descubrí que tras el enamoramiento del reportero estaba la diferencia de edad: ella es mucho más joven que él. Ahí se acabó el misterio. El relato pasó a ser un pastel, lleno de tópicos y en ocasiones idiota, como por ejemplo cuando plantea las relaciones de pareja como cárcel o liberación, como traición, tortura o edén. Todo muy bonito, todo pensado para afectar a la parte más superficial del sentimiento del espectador. El tema de la vida del nómada, al igual que el de la otra vida, la de la mujer que interpreta Meryl Streep, nos remite al pulso constante entre libertad y servidumbre, entre sentirse en el destierro o asentarse en viejas y nuevas raíces, pues viajar debería suponer sumar raíces. Y esto no se pone en marcha solo por afán de viajar, esto puede suceder sin moverse de casa.

De hecho, sucede. Cada viaje nos aleja un poco más del resto del mundo, cada vez que no viajamos nos alejamos, también, un poco más del resto del mundo. Vivir conlleva un desgaste.

Lo que deseamos con el viaje, o con residir en un entorno tan idílico como Madison County, es quedarnos en un cosmos en el que no hace falta tomar pastillas para dormir, un cosmos sin plataformas digitales, sin encuentros a través de páginas web, sin compras *online,* sin contaminación sobre nuestras cabezas, sin noticias furiosas, sin discusiones enfurecidas.

Pero estar completos y en calma es algo que no le sucede ni a Francesca Johnson ni a Robert Kincaid, los personajes protagonistas de la película de Clint Eastwood. Lo que nos puede inquietar es la medida en la que nos atañe sentir que hay unas versiones del espíritu corsario que están a nuestro alcance. Ese es el espíritu que nos atrae en los proscritos del bosque de Sherwood, que es posible que pasen hambre pero saben que el hambre es mejor que la miseria construida sobre doblones por el *sheriff* de Nottingham. Pero los proscritos han sabido buscarse la vida al margen de la economía de mercado, entienden el mar como terapia o, al igual que los peregrinos, viven para ejercitarse en el oficio de vivir, buscan su identidad en un mundo lleno de gente ambiciosa y hedonista en el que priman las seducciones.

Willa Cather, la escritora estadounidense que reflejó en obras como *Mi Ántonia* o *Uno de los nuestros* la nostalgia por las praderas, mientras residía en Nueva York salía todos los días a pasear por Central Park descalza. Consiguió hacer algo concreto de la locución de Albert Camus «En mitad del invierno encontré en mí un verano invencible». Camus expresó, en buena medida, un deseo, pero también dónde buscar el combustible del motor de explosión. Cather sentía así que abandonaba por unos instantes la civilización, que es una olla podrida, para adentrarse, a través de las sensaciones en la planta de los pies, en un lugar sin fronteras, en el que se siente la cortesía, donde no se sufre el paso dc los segundos ni se escuchan los molestos ruidos del tráfico. En la naturaleza no hay polución, es el lugar de la inocencia y el descanso, lo cual supone que elegirla es una forma de rebeldía. Ahí, como durante el gesto de Willa Cather, las impresiones directas de los sentidos motivan buenos pensamientos y sentimientos nobles sin tener que recurrir a fuentes de segunda mano, a los discursos de los profesores.

La nostalgia tal vez sea el gran tema de nuestra vida, al menos de la piel hacia dentro. En el hermosísimo libro de William Fiennes *Los gansos de las nieves,* se nos habla del vuelo, que es el símbolo por excelencia de la libertad, hacia la tierra a la que regresan las aves, donde se enclavan las raíces, que representan la inmovilidad. Se busca un equilibrio, una suerte de sanación emocional en la que la nostalgia sea algo armónico, un saludable deseo de volver al lugar al que pertenecemos. En el texto comprobamos que tanto la isla de Baffin, hasta la que van los gansos en tiempo de emigración al norte, como el regreso en sí, el movimiento, son dos Ítacas.

En cuanto al asunto del regreso, se nos viene ahora a la cabeza el *nostos,* un género literario procedente de las leyendas griegas que se centra en el retorno del héroe a casa, tras la caída de Troya, casi siempre por mar, ese paraje que en la obra de Fiennes cruzan los gansos varios metros por encima de su superficie.

Pero el héroe que protagonizaba el regreso a casa, o los gansos que vuelan hacia Baffin, tienen un propósito claro, una meta. El viajero, errabundo, que se puede permitir improvisar rutas y hasta destinos, comparte con el eremita un espíritu que tal vez podríamos calificar de egoísta, pues con su gesto cabe achacarle que da la espalda a la injusticia, a esa que está presente en la sociedad, a la que tiene lugar en las calles. Y, sin embargo, no podemos sino desearles la mejor de las suertes, aunque solo sea porque están viviendo con cariño aquello que los demás bien podríamos amar si pudiéramos ponernos en su piel. Lo único que nos cabe es arrepentirnos, pensar que nuestra decisión se debe a algo que se asemeja a la cobardía, para luego sostener que esta intuición es otro error del que debemos salir bien parados.

Acusar de egoísmo al viajero errabundo supone valerse de las herramientas de la civilización para evaluar a alguien que vive sin afecto por la civilización. «Vosotros repetís las opiniones de la mayoría; yo, en cambio, estuve allí», repetía el marino inglés Richard Chancellor a la sociedad británica del siglo XVI esforzándose para que creyeran su testimonio por encima de los lugares comunes que imperaban acerca del norte de Europa.

Compartir un relato para mejorar la salud ilustrativa de la gente, para cambiar el concepto del mundo, está lejos de ser una actitud egoísta. Que el mundo cambie no significa que se generen ruinas en las que no nos quede más remedio que habitar. De lo que se trata es de encontrar el valor de lo que sucede, lo que nos sucede y lo que provocamos que suceda. La ida y venida emocional y constante que sentimos en nuestra relación con los sucesos nos lleva a padecer la impresión de que son los demás quienes están eligiendo por nosotros, que todo nos viene impuesto, que damos por supuesto que existe el destino y que este supone fracaso, al menos mientras nos mantengamos sedentarios, mientras no nos larguemos del lugar donde estamos ahora mismo. Suponemos que los encuentros extraordinarios les suceden a otros, a los que cumplen sus deseos a través del viaje y la aventura, y asistimos a estos últimos como a un evento de ficción.

Hablamos de aquellos que saben que hacen castillos al borde del agua durante la marea baja, de los viajeros a los que catalogamos, con desacierto, como nómadas.

> Tenía que darle la vuelta a mi nostalgia de algún modo para que mi amor por la casa, la relación de pertenencia que experimentaba allí, no instase un deseo de regreso constante, sino un deseo de encontrar ese sentido de

> pertenencia, esa seguridad y esa felicidad en otro sitio, con otra persona o modo de vida. El anhelo había de tener visión de futuro. Debía sentir añoranza por un sitio que aún no había visto, nostalgia por cosas que aún no habían ocurrido.

Así se expresa William Fiennes en *Los gansos de las nieves,* que se subtitula, para dejar claro que hablamos de una experiencia y no de un estudio, *Mi viaje migratorio al gran norte*. Le escuchamos preguntarse cómo reconoce uno su lugar en el mundo, cuando tal vez pertenezca a la estirpe de quienes no se reconocen en ningún lugar. Su búsqueda del hogar y del retorno al hogar parece un intento destinado a fallar siempre. Pero vivir no es encontrar. Las vidas no se cierran como se cierran las películas o las novelas. Siempre quedarán vacíos, lugares por descubrir. Lo único que se nos ocurre recomendar para combatir las dificultades que sentimos a la hora de encontrar nuestro lugar en el mundo es acudir al refugio de la amistad. Aunque también podría estar ahí la naturaleza, al menos cuando sus efectos son una tierna combinación de inocencia y rebeldía.

Es decir, para que el paso de los días no sea tan duro y pedregoso, disponemos de la inocencia y de la rebeldía. A primera vista se nos puede antojar que son actitudes contrarias, como lo son la fuga y la resignación, pero es posible reunirlas en armonía, como comprobamos a través de las distintas facetas del arte. El arte supone entregarse a experiencias, y el vagabundo, este tipo al que llamamos nómada, el que siente lo que los ingleses llaman *itchy feet* —'pies que pican'—, sabe que no precisa sumar kilómetros sino experiencias, emociones y, posiblemente, mestizaje.

Itchy feet supone un impulso para forjarse una existencia al margen del aburrimiento convencional. Se necesita cambiar el rumbo, que se impongan las cosas que nos rescatan del suelo que estamos pisando, el suelo que sentimos no haber podido elegir. Y para ello hace falta voluntad y, tal vez, ambición. ¿Cómo es la frontera entre la voluntad y la ambición? Me temo que los mejores libros de viajes bien pueden ser un tratado sobre este tema. Ahí leeremos acerca de la coacción interior que no nos deja dormir y que nos puede empujar hacia lo insólito, lo difícil, lo atrevido, lo diferente, que será el motor humano que eleva la curiosidad, sin la cual seríamos, poco más o menos, otro patrón animal. Se llama curiosidad, pero se lee insubordinación, un motín que surge de las entrañas como brotan las flores en el rosal.

Se trata de hallar el terreno donde encontrarnos con las buenas cosas y las buenas personas, lo no contaminado. Y viajar cuestionándonos, claro está, si la ruta vital que nos hemos trazado no estará también equivocada. Aun sabiendo que, de habernos quedado quietos, tal vez la ética sobre la que asentarnos para comenzar a construirnos sería menos cómoda, sería peor, en el sentido en que existen peores personas.

La ética que el viajero prefiere construirse se asienta sobre las pisadas en el monte, sobre la respiración y la fatiga, sobre el aire en la piel, sobre los sonidos, incluidos los de las ruidosas urbes que han crecido en el caos. Se trata, por otra parte, de una extraña forma de hedonismo, extraña pero natural. En este siglo se ha impuesto una única versión del hedonismo, que tiene que ver con disfrutar un buen vino y una cena exquisita, para convencernos de que esos son los mejores placeres. Pero solo es el placer más cómodo. Hay que darle la vuelta a este calcetín que ya va oliendo mal y airearlo en los senderos de Nepal, en las calles de Lusaka, en la costa de las islas Fiyi. Y a ser posible, sin dejar de sonreír.

Cosas pequeñas, grandes recompensas

¿Cuál es la diferencia entre una excursión a la tienda de comestibles y una excursión al Sáhara? Si preguntáramos a la gente, podríamos hacer una lista de respuestas bastante larga, pero en todas ellas se apuntaría a la otredad que experimenta quien viaja y a la facilidad para sentirla si elige la tierra de los beduinos. Quien parte al Sáhara pretende aumentar sus vivencias de lo desconocido, mientras que a la tienda de comestibles va a por fruta y huevos.

Una de las características del espíritu del viajero es preguntarse, en todas las ocasiones, qué hay dentro de los otros que no encuentra dentro de él. Esa pregunta y esos encuentros lo ayudan a reconciliarse con la vida, que está llena de momentos como ese en el que encendimos la luz a medianoche para beber un vaso de agua y nos encontramos una cucaracha arañando la pared en la cabecera de la cama.

El ánimo con el que se parte configurará esa experiencia al Sáhara o a la tienda de comestibles. Por recurrir al tópico, la violencia engendra más violencia, lo cual significa, o debería significar, que ese mismo fenómeno ocurre, por ejemplo, con la bondad. Así es como nos explicaríamos por qué los demás no cesan de tropezarse con hombres amables, generosos, leales cuando salen de viaje. La amabilidad engendra amabilidad.

El viaje comienza con una emoción, que es grata y es local, que es un fragmento, y termina con un sentimiento. El sentimiento es abstracto, tanto como puede serlo el amor, pero es mucho más grato que la primera emoción. A la larga, el viaje y su relato serán el lugar donde nos gustaría quedarnos a vivir sentimentalmente.

Tendemos a querer interpretar la vida como un relato cuando, a la hora de la verdad, la vida no funciona así. La vida es una sucesión de secuencias y escenarios, que van desde el puerto donde se descargan los barcos a la azotea del cuerpo humano, que es el lugar en el que nos delatamos por el atuendo con que nos adornamos la cabeza. Cruzar cada secuencia, cada escenario, puede ser una epopeya. No querer saber nada de ellos, por miedo a no ser lo bastante héroe en la epopeya, será una paranoia.

Salir a recorrer el mundo es una táctica para combatir la herrumbre que deja lo cotidiano. Contra el óxido, nada mejor que la brisa moviendo las hojas de los árboles y las pisadas en los senderos de laterita, donde es casi imposible generar mala conciencia. Deberíamos pensar que dentro de una experiencia tan humilde como levantar el pie para no pisar una hormiga cabe la salvación del universo. Y así, al viajar, engrasamos las bisagras roñosas de tanto acumular vulgares desgracias, esos disgustos con los que se articulan los días.

Además, el viaje supone regreso, y deberíamos entender el regreso como la parte fundacional del viaje, pues interesa tanto viajar como haber viajado. Haber viajado supone conservar en la memoria las emociones y los sentimientos, a ser posible de amor, por los lugares donde nos hubiera gustado quedarnos a vivir, a los que nos gustaría volver mientras deseamos que sigan siendo siempre el mismo río.

Observar, charlar y leer. A eso se reducía para mí el tiempo del viaje, en el que incluyo la lectura, porque la literatura también es recuerdo y el recuerdo supone desear que los rincones de Gaia que he ido conociendo no perezcan jamás. «Todo en el mundo existe para acabar convirtiéndose en un libro», dijo Stéphane Mallarmé. ¿Leemos el mundo como leemos un libro de relatos? Es posible que en la memoria se igualen, porque ese es el territorio personal donde siempre somos caminantes solitarios, personas que aspiran a no apartarse de ese cimiento de la ética que se llama descanso.

Partimos con intención de ver el mundo como un lugar hermoso, o al menos como un lugar emocionante, y nos quedamos con algún propósito, que tiene fecha de caducidad, y que afecta a eludir el resentimiento, la venganza, las peores versiones del deseo, la ingratitud de la culpa, la maldición de los ardores de estómago y las enajenaciones mentales. Nos gustaría quedarnos a habitar en la serenidad, en una forma de vivir poéticamente, conscientes de que la única causa segura de arrepentimiento es la conciencia de no haber sido siempre amables.

Ojalá, pensamos, en las peores situaciones apareciera siempre la belleza, como le sucedía a Yuri Zhivago. Pero eso supone la convicción de que la belleza es algo ocasional, una excepción, cuando deberíamos conseguir que fuera algo común y compartido. Tal vez lo más cercano a ese sentimiento que podemos concebir sea la amistad, que seguramente es la mejor creación de nuestra especie.

La belleza es un atributo propio del observador, y el observador inteligente es capaz de hallarla hasta en ese estercolero que está a la espera del tiempo de las amapolas. No sabría bien cómo definir la inteligencia, pero creo que la inteligencia fracasada es el uso de nuestras capacidades para hacernos infelices. De ahí que encuentre una inteligencia, que se parece mucho al lirismo, en cierta gente con la que me cruzo en el viaje, gente que vive de forma sencilla y, sin tanto atributo científico como nosotros, conoce bien a los hombres.

Sabemos que esos tipos no se amarran a la autocompasión, como nos sucede a la mayoría, que somos habitantes de neuróticas ciudades occidentales, y que nos empujan a meditar acerca de los buenos seres que hemos podido ser. La verdadera renuncia a la autocompasión supone una cordialidad constante.

Tal vez a esto se reduzcan los minúsculos instantes de felicidad que nos proporciona el viaje, unos instantes que protagonizan los que aman.

El tema del viaje —damos a menudo por supuesto— es enfrentar a la depresión con la independencia. La depresión supone la incomodidad de vivir, en grados que van de la china en el zapato hasta el intento de suicidio, mientras que viajar nos habla de moverse sin trabas con el cuerpo para generar buenos recuerdos. Puede que estemos en vísperas del fin del mundo, pero eso no es motivo para encerrarnos en casa y meternos debajo de las sábanas.

Lo ideal es salir a las afueras, a la aldea en que hemos convertido el resto del planeta, el que está más allá de las puertas del hogar, y comprarnos una gorra adecuada para sobrevivir al azote del sol o para protegernos de la lluvia, según a qué punto cardinal nos dirijamos. A menudo damos por supuesto que el que viaja pierde leyes y encuentra alas. Pero, maldita sea, viajar en esta época también supone tener prisa. Creeremos, pues, que esas alas están en el pasado, cuando aprender por descubrimiento no era nada urgente, cuando una expedición contaba su alejamiento del hogar por años y no por un número de días inferior a los dedos de las manos.

¿Por qué no quedarnos con la idea de que prestar atención ya es en sí una aventura? Repetimos que no hay más intensidad de sentimientos en la vida de acción que en la de contemplación, que se trata, a la postre, de estar enamorado. Esto es lo que nos llevará a ser lo que somos: resonancias, emociones, ilusiones, pasiones, dolores, huellas… y las vidas de los demás que también nosotros vivimos. Si sabemos estar atentos, nos daremos cuenta de que la propia existencia está llena de momentos en los que nos hacemos crisálida, aunque sea de forma fugaz, que nos ofrecen la posibilidad de renacer, o al menos de renovar alguna de las escamas que se nos van tallando en la piel. Incluso bastaría con que nos planteásemos algunas dudas, y junto a las dudas acudirán sus hermanas gemelas, que son la sonrisa y la sorpresa de la razón.

Todo aquello que nos cambia porque es diferente, lo que nos hace evolucionar, nos cambia de manera diferente a cada uno de nosotros. No podría escribir un ensayo sobre el viaje a partir de mi experiencia creyendo que estoy reflejando verdades que atañen a todos. Cargamos en la mochila un puñado de prejuicios, pero si somos conscientes de ellos, nuestro aprendizaje será un tipo de riqueza de la que se podrá beneficiar el mundo a través de una actuación altruista, del relato —pues nuestro archivo de bienestar perpetuo sigue ligado a las leyendas— o de los amigos. Lo importante a la hora de conocer es saber aprender.

Darse cuenta de que nos equivocábamos al creer que habíamos madurado, de que eso de creer saberlo todo es propio de un tiempo en que éramos más jóvenes, de que debemos renacer y volver a madurar —esa constante que hemos de afrontar con amor propio y con buen humor—, es otra de las presencias del viaje. ¿Las cosas nuevas generan nuevas maneras de mirar? Es probable, aunque para ello debemos atrevernos a incidir en los gestos y parajes en los que no nos gusta mucho reconocernos, y también en la curiosidad infinita. Estar dispuesto a aprender tal vez suponga enfrentarse a lo que se nos viene encima con una muy pequeña dosis de cinismo y otra enorme de confianza, pero sin ser un cretino ni caer en la autocomplacencia.

¿Qué distingue al turista del viajero?, volvemos a preguntarnos, y se nos ocurre asegurar que el cretino autocomplaciente siempre será un turista, porque es nocivo y estrecha el mundo. Y para hacer el mundo mejor debemos ensancharlo. Ser valiente no significa buscar los lugares más chulos donde hacerse una fotografía para presumir: conviene regresar a casa siendo un poco otro y sabiendo que los demás también pueden ser otros, y por tanto igualados a uno mismo.

«Tengo la impresión de haber estado respirando el aire de Cuzco —esta tienda de oxígeno que los quechuas denominan cielo— durante toda mi vida», dice Patrick Leigh Fermor en *Tres cartas desde los Andes*. Esta cita reúne todo lo que necesitamos: el descubrimiento con asombro, el reconocimiento en armonía, la convivencia con lo extraño, ensayar el sentido de la existencia, el aire en los pulmones, la luz, la cortesía y la metáfora poética, razones para escribir, que son idénticas a los motivos para viajar.

«Me gustaría aprender a vivir o recordar cómo vivir», medita Annie Dillard en *Enseñarle a hablar a una piedra,* y así sugiere que tal vez nacimos sabiendo algo tan básico como estar al tanto de vivir, pero que los paradigmas sociales nos llevaron al olvido. A esos paradigmas los llamamos tradición, muchas veces, y Emerson considera que eliminan el pensamiento autónomo y la sensibilidad que viene del contacto directo con la naturaleza. Las verdades son, por tanto, reflexiones que surgen gracias a la naturaleza, que es la fuente directa de la que experimentar lo mejor de lo que podremos ser, es donde hallamos la intuición y la música que reconforta. El papel del hombre en la naturaleza no es el de protagonista, sino más semejante al de un humilde intermediario que acepta la falta de control sobre su destino y así se libera. A la hora de la verdad, la vida siempre te libera, porque lo que nos ata nos hace más rígidos, y la rigidez, ya lo dijo Lao Tse, tiene que ver con la muerte.

La vida se representa con muchas metáforas: el río, la lucha, el mar, el viaje… Y aquí estamos sosteniendo que quizás la única sensata, la única que pude aportar algo al equilibrio, es la búsqueda. Pretender que sabemos más que suficiente, estar de vuelta, nos coloca en la misma posición en la que está quien presume de esteta y no encuentra nada que lo epate, pues su ilusión de belleza es de tal grado que nada la supera.

Un lugar en el mundo

No recuerdo haber leído ningún texto contra el viaje, salvo un comentario de Cesare Pavese, que asegura que viajar es una brutalidad, pues nos obliga a confiar en extraños y a perder de vista lo que nos resulta familiar, nos aleja de lo confortable, de nuestros amigos y de nuestra casa. Argumenta, no sin razón, que viajar nos coloca todo el tiempo en desequilibrio, porque allí donde vamos nada es nuestro, excepto el aire, las horas de descanso, los sueños o el cielo, «todas aquellas cosas que tienden hacia lo eterno o hacia lo que imaginamos como tal». La pregunta que se nos ocurre es: ¿qué sucedería si elimináramos el movimiento que maldice Pavese y añadiéramos semanas o años en el calendario para prolongar la estancia?

«Durante el día te sentías a una gran altitud, cerca del sol, las primeras horas de la mañana y las tardes eran límpidas y sosegadas, y las noches frías».

Esta descripción pertenece al primer párrafo de *Memorias de África,* ese libro que representa, mejor que ningún otro, el viaje en el que el viajero permanece, el viaje vertical: el tiempo pasa como medido por un reloj de arena, se asiste a la belleza de la pasión —y no a la del placer—, que culmina en épica, y el amor de su protagonista por el lugar es de tal calibre que, en el conflicto entre el nómada y el sedentario, ella, la extraña, ocupa este segundo lugar, el de quien permanece.

Del contraste entre lo que desearíamos ser frente a un mundo que no entendemos, solo debería surgir afecto. Por mucho tiempo que transcurra, el viajero vertical no deja de preguntarse cuándo comienza a vivir en el lugar nuevo, cuándo deja de vivir en el que quedó atrás.

Aquí, en nuestro lugar en el mundo, en el territorio que hemos escogido, el que se adapta a nuestro mapa emocional, no deberían estar el cáncer ni las infecciones. Pero para llegar a cualquier otro lugar hemos de firmar un trato previo: si estamos dispuestos al gozo y al descubrimiento, si estamos dispuestos a vivir, seremos conscientes de hacerlo dentro de un cuerpo sujeto al cáncer y a las infecciones, sujeto al dolor. Ese rezo deberíamos repetírnoslo cada mañana, cuando suena el despertador y no nos espera la playa ecuatorial, el mar tranquilo y los arrecifes. Pero también cuando nos despertamos frente al océano, a las colinas de Ngong o a un glaciar azul.

Origen y destino son lo mismo, pues has llegado hasta donde sea y habitarás allí. El extrañamiento, que se produce al llegar a un lugar diferente, se iguala a la desafección que uno siente por el sitio de nacimiento. La devoción, la melancolía, la admiración fraguan la nueva realidad, en la que habrá lucha, una lucha que tiene que ver con el sentimiento de gestar y conservar la belleza y lo benévolo.

La memoria es una práctica constante, porque el nuevo habitante que se ha instalado en su lugar perfecto también sabe que el día que olvida los mares azules —si se alejó del mar—, la ilusión del sol de invierno en las mejillas cuando el termómetro baja de cero grados —si buscó el calor— o las líneas rotas de los perfiles de montaña —cuando ha ido a la llanura—, está más cerca del suicidio.

Al nuevo habitante, a quien practica ese viaje vertical, no se le imponen los riesgos, ni soporta interpretaciones antropológicas o deslumbrantes aventuras, ni se dedica a coleccionar personajes que rozan lo grotesco, ni entrevista a seres que deslumbran o arroja su vanidad al interlocutor. No, nada de eso. Los sucesos le salen al encuentro partiendo del hecho de que trata de ser uno más, y eso también fascina. Lo complicado de ese espíritu inquieto es mantenerse en sus cabales, pues él, como Karen Blixen, se coloca por voluntad propia al borde de romperse emocionalmente en cualquier instante. Al fin y al cabo, su inquietud proviene de certezas como la de saber que hay más vida en limpiar los ojos de un niño centroafricano que en acertar con el punto exacto de sal en todas las tortillas de gambas que cocinará.

El paraíso del hombre moderno no es el edén, ese jardín lleno de prodigios entre el Tigris y el Éufrates, sino vivir sin depender del dinero. Todo pasa por aprender a estar dentro de lo que guarda la piel, acompañando a los pulmones, al corazón, a los intestinos, a la sangre, a los huesos y a la médula.

Encontrar un lugar en el mundo al que largarnos a vivir no tiene tanto que ver con el paraíso —al que reconocemos como una utopía— como con la madriguera, ese hogar donde sentirnos seguros cuando caen bombas sobre el asfalto o sobre la conciencia. Dentro de la madriguera no necesitamos vivir con trampas, no necesitamos engañarnos ni preguntarnos si el bienestar se consigue a través de la memoria del biberón o de la amnesia. Allí podemos ser un héroe clamando contra la injusticia, aunque ese grito apenas rasgue la tapa de alcantarilla que separa la madriguera del exterior. Allí podemos considerarnos buenas personas incluso durante las pesadillas. Allí construimos nuestro jardín, ese lugar humano, humanitario y humanista, donde impera la lentitud, porque la felicidad que buscamos no es un azote de euforia. El jardín representa la quietud frente al desplazamiento del nómada, pero nos hemos visto obligados a movernos para llegar hasta allí y, al igual que el nómada, el jardinero practica una contemplación activa: ni el jardín crece sin cuidados, ni el viaje progresa sin movimiento. Y en ambos casos pretendemos la armonía.

El mundo se nos presenta con grandes problemas, pero la solución pasa por pequeñas iniciativas. Se trata de dar por amortizado el mundo tal y como lo conocemos, con esta organización que nos ha llevado a perder la guerra, y construir algo mejor a partir de la sociedad civil. El ejemplo más próximo que soy capaz de concebir es el de Robin Hood, que montó su experiencia de solidaridad libertaria en el bosque de Sherwood mientras el resto del planeta se deshacía en guerras de señores feudales. Los Robin Hood de hoy son valientes aldeas que hacen la transición energética por su cuenta, la agricultura urbana que consigue revivir incluso ciudades tan en decadencia como Detroit, los voluntarios que tienen la paciencia para crear una cadena de compostaje en una gran ciudad, todo lo que tenga que ver con la permacultura y con la imitación de los ecosistemas, y con descentralizar la producción y con la distribución a pequeña escala, también con la autonomía de las poblaciones que facilita cierta seguridad alimentaria y con las iniciativas que reducen las emisiones de CO_2 o con la economía colaborativa… El hombre está hecho para crear, no para consumir, y la creatividad, por tanto, debería ser el eje de la educación, junto con el respeto, que uno se gana siendo persona.

Sin furia, pero con pasión, las experiencias que tienen por sustrato los principios que hemos enumerado son insurrecciones.

Caminares

«Preocuparse es una forma de hacer como si tuviéramos conocimientos o control sobre aquello sobre lo que no lo tenemos, y me resulta sorprendente, incluso en mi propio comportamiento, cómo preferimos las posibilidades truculentas al puro desconocimiento».

Rebecca Solnit en *Una guía sobre el arte de perderse.*

Uno no puede evitar apoyar la afirmación de Alastair Bonnett cuando sostiene que la única forma auténtica de viajar es a pie, pues lo demás es pasar zumbando por los sitios. La característica más importante del caminante es la calma. Y esta calma supone que caminando se reflexiona mejor, los problemas se resuelven lenitivamente, operan mejor los engranajes de la creación y hasta se avivan los buenos sentimientos, que colaboran con la mente en una suerte de meditación que surge de forma natural, sin artificios y hasta sin deseo.

Caminar es alquimia en el sentido que define Paracelso: «La alquimia consiste en separar lo falso de lo verdadero». Caminar, la excursión, patear senderos, es la forma de viaje propia de Thoreau, que es un mito al que regresamos una y otra vez. Como él, nos cuesta lo indecible imaginar una excursión a pie por un lugar civilizado. El *flâneur* destaca por el desconcierto, no por el vagabundeo. Caminar es caminar al aire libre. Hasta tal punto que el uso metafórico de los verbos «navegar» y «volar» nos remite a esa misma sensación cuando suceden sin motor, cuando suceden a favor del viento, y los imaginamos a una velocidad semejante a la de caminar. Y damos por supuesto que todo existe para convertirse en la huella que estamos dejando en el camino, y así igualamos camino y memoria.

Caminamos para conjurar demonios, para plantar cara a las horas, para sobrevivir al presente, a la maldición del pasado y al incómodo delirio del futuro. Sentimos consuelo, olvidamos, saludamos. Nos damos cuenta de que el mundo no es solamente una construcción mental, por mucho que necesitemos olerlo, verlo, oírlo para que exista para nosotros. Esa presencia física que es el mundo pervivirá más allá de nuestra muerte, y la forma más natural de estar en él es caminando, elegir senderos por donde sea casi imposible tropezarse con los motores, el hormigón y las fábricas.

Wanderlust significó un día 'pasión por caminar', pero hoy se utiliza para designar el deseo de viajar. Teniendo en cuenta que el movimiento es necesario para vivir, caminar tiene que ver con sumar algo de sabiduría, que en este caso se definiría como algo vinculado a la sensibilidad. Evolucionar —y caminando evolucionamos— es necesario. Pero no es necesario perder la inocencia.

Cuando Fernando Pessoa recicla la expresión «Navegar es necesario, vivir no es necesario», no nos habla de marineros amedrentados por una tormenta que se niegan a embarcar para ir a la guerra, sino de una vida que sin navegación carece de sentido. Navegamos a través de la imaginación y de las acciones que están al alcance de nuestro cuerpo. Practicamos surf no porque se trate de un deporte, sino para encontrarnos con las olas que entendemos que son algo así como la risa del mar. Esos encuentros nos remiten a un toque perfecto de solitud, el que se precisa para observar, ser y actuar. Esos encuentros, que se producen caminando o tras caminar, nos recuerdan qué es lo que precisamos para mantener cuerpo y alma unidos: el retiro medido, la soledad y la compañía bien alternadas, la pureza, el descubrimiento, la orientación, la austeridad, la lentitud o la moderación del tiempo, el aprendizaje, la autosuficiencia.

Para describir esta pasión por caminar en la naturaleza, deberíamos definir «naturaleza»: yo entiendo que es el lugar donde el hombre es más creativo que racional, más intuitivo que ingenioso, más corazón que cerebro. Tal vez sea la creatividad el factor que determina con más claridad qué es la naturaleza, el que determina la buena experiencia, incluso la terapia: si alguien se siente creativo, bueno en el buen sentido de la palabra «bueno», sabrá que se encuentra en la montaña adecuada, en el acantilado perfecto, junto al río favorable. Ahí sentir se confunde con pensar, tal vez porque no deja de ser la misma tarea. Si alguien sabe que en la vida lo importante no es tanto ser insólito sino sincero, revisará las excursiones a pie, los bosques, las viejas exploraciones, las crisálidas, los cautiverios, las ciudades en ruinas, la muerte de una amiga, el desierto, el amor por los compañeros y cualquier otra situación que lo llevó a ser consciente de cuánto desconoce en esta obra que llamamos el paso por la tierra. Nada es una obra cerrada, y mucho menos el paso por la tierra.

Una ciudad geométrica hace gente geométrica, mientras que una ciudad inspirada en el bosque hace seres humanos. La amenaza parte del creciente desapego emocional e intelectual que tenemos respecto a los espacios naturales, los que invitan a caminar. Hay que dejarse sacudir y estremecer amablemente, pertenecer a esa parte de la creación que no disfruta con el sufrimiento, permitir que los paisajes contribuyan al sosiego. El mundo va cambiando a medida que lo poblamos con nuestros pasos, como sucede en los bosques, donde la luz difiere cada día; será así como se amplíe el mundo de lo posible, como tropecemos con pequeños nuevos tesoros.

Como no todo se puede aprender por experiencia directa, para conocer mejor lo que obra sobre este peñasco azul en el que ejecutan un teatro alegórico los seres vivos, conviene tener los oídos abiertos a los relatos, a lo que nos cuenten quienes sobrevivan vinculados al sendero. Si estamos dispuestos a la escucha, nos tropezaremos con las sorpresas que derriban prejuicios.

En la ruta sucede todo eso que compone la educación sentimental, allí, sobre los escenarios que significan libertad y fortaleza, en los bosques, que son el santuario de las hadas, en las montañas, que son cumbre, y la cumbre es desnuda, pero también son valle, y el valle es fértil.

La idea de que es necesario caminar, pero no lo es el sendero, pervive con fuerza en Gary Snyder, que vuelve a dictar que lo salvaje es, precisamente, apartarse del sendero. Lector del *Tao Te Ching,* poeta de la contracultura, convencido de la hipótesis Gaia, defensor de lo libre, anarquista por descreer de los Estados que distribuyen mal la riqueza y el poder, practicante de la meditación zen, seguidor de Thoreau y de Muir, Snyder sostiene que, a pesar de su ideología, los senderos son necesarios. Los senderos tal vez no sean lo salvaje, pero sí pueden ser naturaleza, como cualquier forma de convivir con ella que no la desgarre, incluido cierto tipo de agricultura.

La forma más sencilla de resumir la filosofía de la práctica de lo salvaje que promulgaba Snyder, ya lo hemos comentado, es considerarla la opuesta a la filosofía de las compañías petrolíferas. La austeridad, la convivencia respetuosa, el sentido de lo sagrado que no carece de ingenuidad, formarán así parte de lo salvaje. Leeremos la estratigrafía de las rocas, los anillos concéntricos de un árbol, la caligrafía de los ríos. Caminar a pie será un acto de subversión, además de un estado de ánimo. Caminar es lo opuesto a morir, es recorrer un paisaje y atravesarlo, pues de una travesía se trata, por sus habitantes, recogiendo parte del registro de tanta memoria.

El misticismo del caminante requiere salir, su recogimiento implica moverse. En el relato del caminante hay algo de parábola cuando se refiere a sus compañeros, algo de liturgia cuando se refiere a las sendas, y algo de aventura, cuando se arroja a los tramos del entorno natural que no puede dominar el hombre. En cualquier caso, esos momentos son siempre ofrenda: al mar, al bosque, a la arena. Esos momentos, en los que todo es paisaje, son invitaciones a un silencio platónico, tan sagrado como los del devoto budista que cuenta sus pasos mientras llena los pulmones de rezos.

Siguiendo los dictados de Confucio, resulta más fácil vivir sin ojos, sin brazos e incluso sin corazón que sin un camino y un compañero.

Encrucijada y mestizaje

La primera vez que lo hice, recuerdo, fue en Tailandia: el autobús se dirigía a Chiang Mai, pero yo no tenía ningún interés en ver otra ciudad. Mi estancia iba a ser larga pero limitada. Disponía de casi un otoño, pero no del otoño entero. Y había demasiados paisajes, demasiados entornos rurales que me llamaban mucho más la atención que una urbe nerviosa. Unos kilómetros antes de llegar a Chiang Mai, en una encrucijada donde se había instalado un mercado con tenderetes de bambú, me bajé. Pensé que la mayoría de los autobuses que salieran de Chiang Mai hacia cualquier otra dirección que quedara al sur o al este pasarían por ahí, y me senté en la mochila para esperar. Unas horas más tarde me dirigía hacia las poblaciones que están en la frontera con Myanmar.

Repetí esta acción en Laos, en México, en Bolivia y en Zambia, donde tuve que hacer noche hospedado en una garita junto a la carretera antes de que me recogiera un camión cargado de sacos con semillas. En la mayor parte de esas encrucijadas encontré mercados caóticos y pensé que el universo es esto, es caos, porque el caos es lo propio de cualquier organismo vivo, y al contrario que el orden, el caos está en perpetua construcción. El universo es ruta y no destino, es la *Odisea* y no Ítaca.

Si nos encontramos en una encrucijada, se hace imprescindible aprender a vivir en ella. La encrucijada es un lugar mestizo donde cualquier suceso cabe, donde perdemos el miedo a experimentar en lo que atañe a nuestra educación y así entramos humildemente en cualquier forma, diferente a la nuestra, de vincularnos al mundo. Ahí nos daremos cuenta de que jamás podremos camuflarnos entre los habitantes de los lugares que más nos gusta visitar, y podremos concluir que esa distancia nos permite mirar otros trozos de vida como si fueran un paisaje, entregarnos al contacto con los demás con una distancia que permite acumular mucha pasión y nada de rencor. Enfrentarse a la encrucijada puede llevarnos a varias rutas: la del mestizaje, que engendra belleza mientras las razas se aceptan y se consuman en otras razas, o la de la división, que es otra forma de violencia.

Preferimos el manantial que recoge el agua de muchas fuentes antes que la farsa de la pureza como sinónimo de casticismo. Preferimos permitirnos cuestionar a todos los dioses, todos los mitos, todos los atavismos, no obligarnos por una sola cultura, a través de una sola cultura. Preferimos poner en solfa lo obvio, amar también lo inclasificable, lo anacrónico, lo molesto y hasta lo que posee una salud singular, disparatada. Preferiríamos un universo sin fronteras, que son líneas que separan al tiempo que invitan a pasar al otro lado. Y que marcan el patriotismo, el que entiende la patria como un concepto —con perdón— idiota: esa patria es cualquier idea que separa valiéndose de una pleitesía sacra que puede ser geográfica, religiosa y hasta familiar. Esta sandez es incompatible con el sentido del humor, porque cree estar cimentada en lo sagrado.

De esta deficiencia solo pueden surgir confrontaciones de costumbres, que es algo más grave que cualquier disonancia cultural y puede originar racismo de Estado o exponernos a una xenofobia salvaje. Esa deficiencia requiere fronteras, que no son siempre líneas, concertinas, alquitrán o muros, porque pueden tener la amplitud de un desierto, que es la nada, y la nada detiene mejor que ningún objeto. En cualquiera de los casos, estas fronteras interrumpen lo que cualquier persona intenta construir, e interrumpen la razón de la generosidad. Nos impiden ver lo que a alguien le conviene que sea invisible. Estas fronteras, estos escollos, son maldición.

La inseguridad construye prejuicios y los prejuicios son grilletes. Si no recuerdo mal, algo de esto estudiaba Erich Fromm en el ensayo *El miedo a la libertad*. La inseguridad es uno de los nutrientes que provocan el fenómeno de un planeta cubierto por seres humanos que no forman ya parte de una tribu, por tipos que están solos. El antídoto tal vez pase por antónimos de la indiferencia como el encanto o el encantamiento. Las sensaciones deben ser lo primero, como al enamorarnos; dejemos las opiniones para más tarde, si es que ese tiempo tiene que llegar.

Somos iguales en los miedos, y en poco más. En realidad, creo, se trata de entender que nuestras diferencias —y las hay, y debe haberlas para enriquecer el planeta— no son lo que importa. Lo que importa es que el sentimiento de estar vivo también nos iguala. Tal vez este sea el punto de partida del enamoramiento, de las sensaciones, de los ángeles y los demonios, del encanto. Y también lo que derriba los prejuicios, que están tan confrontados con las ganas de comprender, con las buenas versiones de la curiosidad.

Como en una terapia, se podría recomendar desaprender las fábulas con las que nos han criado, a través de las que los occidentales seguimos conociendo el mundo en esta colonización permanente: «Está demostrado que nosotros somos más inteligentes que ellos, porque su dieta es peor que la nuestra», me soltó una cooperante portuguesa en un rincón de Mozambique. Me pregunto si esto pertenece a una nueva forma de explotación, a una actualización de la lucha de clases. Me pregunto, a continuación, si el mundo ha alcanzado algo de madurez, si existe un retroceso de la civilización y en qué consiste el progreso. Me pregunto si algún día abandonaremos la adolescencia para transformarnos en eso que viene después, si nos libraremos del peso de las fábulas para sustituirlas por una verdad más social. Y recuerdo la afirmación de Malraux, que sostenía que el problema de este mundo es que no hay adultos.

La adolescencia y el miedo nos llevan a confiar en algún bastión tan contrario al mestizaje como, por ejemplo, la tradición. La tradición alcanza la violencia cuando no permite dar besos en público el día de la boda, cuando la poligamia es un privilegio del que presumen los poderosos, cuando la defensa de una religión que no sea la mayoritaria, o el derecho a no profesar ninguna religión, está tipificado como delito. Resulta violento el imperativo de ser fieles a los valores culturales de un país, con la manipulación de la palabra «cultura», que se transforma en una prótesis, en una pieza de plástico que resistirá la carcoma de los años mientras los gusanos descomponen los cuerpos.

Tal vez la tradición pertenezca al ciclo de la ortopedia moral del hombre. La humanidad se desintegrará, pero la tradición permanecerá gritando que la vida siempre ha sido así y que así debe seguir siendo. Lo que conocemos como tradición podría ser, al menos en parte, acuerdos civiles adaptados a otro momento o imposiciones legales impresas por la oligarquía bajo ruido de sables. La tradición ha generado condicionamiento y violencia, y no creo que sea necesario mencionar la ablación del clítoris para argumentar esta afirmación. Hay tradición y violencia en la aceptación o no aceptación de las horas de sueño y de los tratamientos capilares, en el imperio del cuerpo Danone, en la obligación de atenerse a ciertos modelos de familia, en las siniestras representaciones religiosas que celebran la muerte, en el estrago y asesinato de un torpe animal herbívoro bajo los gritos de cientos de personas con la garganta forrada de tinto peleón.

Antes de llegar a estos lugares, conviene bajarse del autobús en cualquier encrucijada donde se haya instalado un mercado con los puestos fabricados con cañas de bambú y no entregarse a lo que nos divide, sino a la belleza.

FIN

«A mí me gusta la gente que aun pudiendo ganar, no lo hace. Porque prefiere quedarse junto a sus amigos».

Cuánto tiempo es mucho tiempo, Juanjo San Sebastián

«En el camino venía pensando —otra vez— que a los cuarenta y cinco años estoy haciendo básicamente lo mismo que a los veinticinco: vagar solo entre cafés y hoteles baratos con libros y libretas».

La tierra de Vallejo, John Gibler

«El caleidoscópico pensamiento de India no es la única asignatura pendiente de la cultura occidental. También lo es la humildad. A todos nos convendría volver los ojos hacia las fórmulas religiosas que enseñan a mirar hacia lo que realmente importa: nuestra común desnudez, nuestra indefensión ante las inclemencias de un mundo que parece no haber sido nunca el nuestro»

India, Chantal Maillard

«Por eso oré y me fue dada la prudencia»

Libro de la Sabiduría de Salomón

«Se dice que los indios creían que, en realidad, no había ninguna técnica para encontrar y cazar a los búfalos, y que la única forma de cazar uno era tener un "buen corazón", con lo que el búfalo se acercaría para entregarse. Por muy moderno y racionalista que yo sea, creo que esa teoría podría tener algo de sentido. Si tener un "buen corazón" significa ser humilde e intentar llevar una vida noble en relación con tu entorno, tiene sentido que tu entorno se te entregue, para potenciar así la causa de tu nobleza»

Los búfalos de Broken Heart, Dan O´Brien

«Sentí un gran alivio al llegar a la conclusión de que aquí acababa mi viaje. La misma alegría que siempre había sentido al partir para un largo viaje fue la que sentí en ese instante por la decisión de no seguir más allá»

El último tren a la zona verde, Paul Theroux

Viajar debería suponer ejecutar un movimiento que no nos descentra, que no nos hace perder el suelo ni quedarnos a la intemperie. Debería suponer aprender a convivir con la casi imposible aceptación de la fugacidad. Debería sacar a flote la incapacidad de comprender todas las reacciones humanas, sin que dicha perplejidad nos desaliente. Debería demostrarnos que durante esta visita al planeta Tierra solo cabe atenerse a una norma de convivencia, que es hablar en los idiomas que más se asemejan al silencio. Debería ser suficiente como para que entendamos que la sabiduría se resume en aprender a separar el trigo de la paja y a dejar que las pequeñas cosas se las lleve el viento, como hemos repetido tantas veces. Debería mostrarnos que existen las barreras y soliviantar en nosotros el impulso a levantarlas. Y debería ser una forma de descubrir que no pasa nada, que no debe ocasionarnos malestar sentirnos más vinculados al pasado que al presente, mientras reconocemos que el gran motivo que existe para viajar es recuperar la sensación, el consuelo de sentirnos libres.

Viajar debería pertenecer al ciclo de los espejismos que no hacen daño a nadie, colocarnos al filo de la cordura. Viajar no es divertido en el sentido en que es divertida la risa, aunque solo sea porque uno dormirá en pulgueros y porque los encuentros también se sufren, porque no satisface encontrarse, por ejemplo, con la pobreza. Pero de esos encuentros y esos pulgueros también surge el amor por la fantasía y los monstruos, la fascinación y, con frecuencia, algún amigo, encontrar gente que da sentido al viaje. Será de la gente, del otro, de quien aprendamos la liturgia del viaje, que tanto tiene que ver con el respeto. Iremos del desconcierto a la admiración y hasta conseguiremos extraer algo bueno de los prejuicios cuando nos demos cuenta de que sirven para sorprendernos: el mundo no era tal y como dábamos por supuesto. El viajero parte preguntándose quiénes somos y a medida que viaja descubre quiénes podemos ser.

¿Qué es un viajero? Nos gustaría que se tratara de un alma donde convivieran los principios del héroe junto a los del antihéroe. Uno aspira a ser el protagonista de su propia vida, lo cual es una heroicidad, pero si quisiera que se le reconociera como el más fornido y el más valiente, no saldría de viaje en modo incógnito, y el modo incógnito es propio del antihéroe. Uno parte sintiendo que le gustaría ser una discreta combinación de Eneas y don Quijote, pues se siente arrojado, apuesto, honesto y equilibrado, como lo era el primero y se figuraba ser el segundo, todo en su justa medida, lo bastante como para presumir solo en distancias cortas. A uno le gustaría ser Ulises, pero conoce el existencialismo y sabe que si intenta parecerse al héroe griego corre el riesgo de asemejarse al Lazarillo de Tormes o a David Copperfield.

El existencialismo: esa corriente que comenzó con esa afirmación de que la vida es un cuento contado por un idiota lleno de ruido y furia, que queda muy bien sobre los escenarios, pero no muestra la vida, ni siquiera el ruido y la furia. Para mostrar la vida hace falta saber dar fe de la propia y mostrar compasión por la de los demás. La vida solo es una tragedia si elegimos la tragedia como primera emoción. Y es frecuente tropezar con individuos que desean el drama, el enfado, la desdicha, la autocompasión, el alma gris y la cruz de las cejas marcada con un surco muy profundo para así creerse el centro del universo. Hay demasiada gente que, ante los malos momentos, no se preocupa de resolver, acompañar o acariciar, sino que cree que lo más importante es su angustia. Hay demasiada gente que vive la angustia como dogma.

Una parte de lo que somos es dogma, sí, pero otra, la que mejor nos redime, es debate. El debate es movimiento, como el viaje, y está alimentado por las cualidades de la inquietud, la generosidad, la colaboración, la empatía y las ilusiones. En esta vida hay demasiadas cosas buenas a las que no deberíamos renunciar, por mucho que nos ataquen hasta partirnos el cerebro. En realidad, basta con la lucha, con el movimiento, para comenzar la recuperación. Y también ayudan los crepúsculos, que sí, que son hermosos a pesar de que vaticinen un final.

Pudo suceder en cualquier lugar, pero sucedió en Brasil. Acababa de comenzar un viaje proyectado para dos meses, acababa de recorrer un par de lugares de la costa en una semana, de encontrarme con pescadores tras caminar dos horas por senderos y playas alejándome de lugares turísticos, de charlar con algún exiliado que cambió el oro por los ocasos, y entonces sentí que se había acabado, que no tenía sentido sumar más kilómetros.

Si mis cuentas eran correctas, añadiendo uno tras otro los viajes largos que comencé a emprender apenas cumplidos los veintisiete, sumaban casi cuatro años viajando. Entonces tuve la impresión de que ya sabía qué era lo que me iba a encontrar y que tal vez no mereciera la pena que me encontrara con ello, pero quise añadir un solo lugar más a mis parajes.

Y me marché tras la estampa de una fotografía que había encontrado por casualidad: un paisaje de un parque nacional llamado Chapada Diamantina. El autobús me dejó en la población de Lençóis a las cuatro de la madrugada, después de una jornada entera desplazándome, y esperé sentado en un banco a que rompiera el día para buscar alojamiento. Encontré una habitación cómoda, con un balconcito en el que colgaba una hamaca, y la alquilé por tres noches. Al final, esa habitación fue mi hogar durante casi mes y medio. Aquel sitio me empujó, como ningún otro lugar antes, a pensar que la sensación de descubrir un nuevo hogar, un hogar definitivo, es uno de los grandes incentivos del viaje. El otro objetivo, el de casi desaparecer, se estaba convirtiendo en un imposible por culpa del correo electrónico y las redes sociales, que consultaba con demasiada frecuencia. Y eso que yo era de los pocos viajeros que se negaban a llevar un teléfono móvil. Creía que la tecnología me impedía fundirme con los nuevos lugares, y esa sacudida derrite cualquier aproximación a la felicidad.

Pensé que me hubiera gustado llegar a Lençóis, de dimensiones tan humanas y rodeada de un *spa* natural, mucho antes, para haberme quedado a vivir allí. Miraba a los mochileros que tenían veinte o veinticinco años menos que yo, y sentía la tentación de decirles: «Chicos, no merece la pena, no hay por qué seguir desplazándose, aquí está el jardín del edén, aquí es fácil hacer amigos y es imposible sufrir ningún tipo de contaminación». Aquello de «¿Qué hago yo aquí?» había dejado de ser un lamento o una confusión. Aquí es donde hubiera querido estar con treinta años, para quedarme. No es ya que me cuestionara para qué seguir un camino, sino que me preguntaba qué sentido tuvo moverse tanto. Nadie habla de los días somnolientos, que a veces se suman sin misericordia durante un viaje largo, mientras no encuentras a nadie con quien cruzar unas palabras; nadie habla del maltrato en las fronteras, incluidas las de los aeropuertos, como en el de Moscú, donde tardé cuarenta y ocho horas en pasar los controles por culpa de una mala gestión, y conseguí atravesarla sobornando a algún funcionario.

Me preguntaba qué podría encontrar viajando que no hubiera aprendido ya, y quise volver a tener mascotas y cuidar de ellas, y volver también a la naturaleza y practicar un poco de alpinismo y escalada, y estar más tiempo con mis amigos. Lamenté, como no lo había hecho jamás, no poder traer a los amigos a Lençóis, gritarles: «Chicos, lo he encontrado, he encontrado el sitio, no tardéis en venir», y tuve que elegir entre ese paraje sin mis amigos o mis amigos en los lugares de siempre.

No creo que sea cobardía que optara por regresar, ni creo que tenga que redimirme de nada ante nadie por no poder elegir todo. No se pueden tener todas las libertades a la vez, y la libertad de movimientos no es la única que existe. Uno no se libera solo por alejarse y hospedarse en un lugar ajeno, por emprender un viaje. De hecho, la mayoría de la gente viaja por ciudades y no comprendo que puedan comulgar con alguna cosa buena durante ese tiempo, porque me disgustan las cosas que allí se pueden encontrar, pues la vida urbana me parece desagradable, claustrofóbica, acosadora, llena de gritos y con gente que no cesa de empujarse, y además sin árboles. Lo que caracteriza a la ciudad es que la gente no se conoce. Un atributo del que me cuesta participar y más aún encontrarle una arista que reconozca como valiosa.

Por otra parte, ya no tenía el físico ni el aguante de hacía un tiempo, el que me permitió superar las veinte dolorosas horas en una furgoneta atestada atravesando la meseta de Mongolia después de que se perdiera el conductor, o el viaje en autobús por el altiplano de Bolivia a doce grados bajo cero y con diarrea, durante catorce horas envuelto en el saco de dormir. Ni siquiera estaba dispuesto a soportar otra amenaza de muerte de un taxista neoyorquino, que abrió la guantera para buscar una pistola cuando le indiqué con el dedo que se había saltado un semáforo en rojo con riesgo de atropellar a varios peatones.

En Lençóis, al encontrar un lugar de respiro, un entorno verde e inocente, me di cuenta de que se acabaron los saltos en el vacío. Sin un «para qué» no tenía sentido seguir caminando como había caminado hasta ese momento. Desde entonces, esa es una tarea para otro tipo de personas, tal vez más temerarias, tal vez más románticas. Viajar no me resultaba tan incómodo como unos años atrás, más bien al contrario: se había convertido en una rutina, y eso me llevaba a figurarme que viajar podía transformarse en algo un poco ridículo. Además, había encontrado el lugar donde me hubiera gustado vivir y dudaba que cualquier otro viaje me supusiera hallar un sitio con unas virtudes que se acercaran a las de este.

Lo único que he lamentado desde ese día es la imposibilidad de volver a generar esta clase de maravillosos recuerdos de viajes, que tanto me reconfortaron en aquellos años en los que hubo mucha aflicción y mucha lucha. Pero esa imposibilidad no es algo exclusivo de abandonar el viaje. Todos sabemos que esa es la definición de la melancolía, y que la melancolía es inseparable de la conciencia de envejecer mientras lamentamos que el mundo se nos escapa como el agua que intentamos coger con las manos.

Bibliografía

— VV.AA. (2020), *Viajeros. De Jonathan Swift a Alan Hollinhurst,* Barcelona, Alba.
— ALEKSIÉVICH, Svetlana (2015), *El fin del homo sovieticus,* Barcelona, Acantilado.
— ARAÚJO, Joaquín (2019), *Laudatio Naturae,* Madrid, La línea del horizonte.
— BALDE, Ibrahima y ARZALLUS ANTIA, Amets (2021), *Hermanito,* Barcelona, Blackie Books.
— BARLEY, Nigel (2006), *El antropólogo inocente,* Barcelona, Anagrama.
— BEAH, Ishmael (2023), *Un largo camino. Memorias de un niño soldado,* Barcelona, Big Sur.
— BESTON, Henry (2019), *La casa más lejana,* Madrid, Volcano.
— BERRY, Wendell (2020), *El fuego del fin del mundo,* Madrid, Errata Naturae.
— BLIXEN, Karen (2023), *Memorias de África,* Barcelona, Debolsillo.
— MBOLELA, Emmanuel (2022), *Refugiado. Una odisea africana,* Logroño, Pepitas.
— BONNET, Alastair (2019), *Lugares sin mapa,* Barcelona, Blackie Books.

— BOWLES, Paul (2014), *Desafío a la identidad,* Barcelona, Galaxia Gutenberg.
— BYRD, Richard (2017), *Solo,* Madrid, Volcano.
— BYRON, Robert (2014), *Grecia. Viaje al monte Athos,* Almería, Confluencias.
— CACHO, Javier (2022), *Shackleton, el indomable,* Madrid, Fórcola.
— CHATWIN, Bruce (2012), *Bajo el sol,* Madrid, Sexto piso.
— CHATWIN, Bruce (2014), *En la patagonia,* Barcelona, Península.
— CHEJOV, Anton (2005), *La isla de Sajalin,* Barcelona, Alba.
— CHERRY-GARRARD, Apsley (2017), *El peor viaje del mundo,* Barcelona, Ediciones B.
— CHIAPE, Doménico (2016), *Largo viaje inmóvil,* Madrid, Círculo de tiza.
— COBO, Diego (2018), *Huellas negras,* Madrid, La línea del horizonte.
— DE MAISTRE, Xavier (2021), *Viaje alrededor de una habitación,* Madrid, Mármara.
— DEL CAMPO, Jesús (2010), *Berlín y el barco de ocho velas,* Barcelona, Minúscula.
— DELORME, Geoffrey (2022), *El hombre corzo,* Madrid, Capitán Swing.
— DILLARD, Annie (2017), *Una temporada en Tinker Creek,* Madrid, Errata Naturae.
— DILLARD, Annie (2019), *Enséñale a hablar a una piedra,* Madrid, Errata Naturae.
— EGERIA y PASCUAL, Carlos (2024), *Los Viajes de Egeria,* Madrid, La línea del horizonte.
— EMERSON, Ralph Waldo (2024), *Naturalezas,* Madrid, La línea del horizonte.
— FLYN, Cal (2021), *Islas del abandono,* Madrid, Errata Naturae.
— FOUCAULT, Michel (2023), *Vigilar y castigar,* Madrid, Siglo XXI.
— FIENNES, William (2017), *Los gansos de las nieves,* Madrid, Errata Naturae.
— GELHORN, Marta (2011), *Cinco Viajes al infierno,* Barcelona, Altaïr.

— GIBLER, John (2022), *La tierra de Vallejo. Un diario de viaje,* Logroño, Pepitas de calabaza.
— GOODALL, Jane y ABRAMS, Douglas (2022), *El libro de la esperanza,* Barcelona, Paidós.
— GUERRIERO, Leila (2018), *Plano americano,* Barcelona, Anagrama.
— HENRY HUDSON, William (2005), *La tierra purpúrea,* Barcelona, Acantilado.
— HUNT, Will (2020), *Subterráneo. Una historia humana de los mundos que existen bajo nuestros pies,* Barcelona, Crítica.
— JUNGER, Sebastian (2017), *Tribu. Sobre Vuelta a casa y pertenencia,* Madrid, Capitán Swing.
— KAPUSCINSKY, Ryszard (2006), *Ébano,* Barcelona, Anagrama.
— KAPUSCINSKY, Ryszard (2016), *Estrellas negras,* Barcelona, Anagrama.
— KLEIN, Naomi (2015), *Esto lo cambia todo,* Barcelona, Paidós.
— LAING, Olivia (2017), *La ciudad solitaria,* Madrid, Capitán Swing.
— LEIGH FERMOR, Patrick (2013), *Tres cartas desde los Andes,* Barcelona, Elba.
— LIPTROT, Amy (2020), *En islas extremas,* Madrid, Volcano.
— LOUV, Richard (2018), *Los últimos niños del bosque,* Madrid, Capitán Swing.
— MACFARLANE, Robert (2020), *Las montañas de la mente,* Barcelona, Random House.
— MAGNASON, Andri Snaer (2021), *Sobre el tiempo y el agua,* Barcelona, Salamandra.
— MAILLARD, Chantal (2014), *India,* Valencia, Pre-Textos.
— MALLORY, George (2019), *La escalada del Everest,* Madrid, Desnivel.
— MARTÍNEZ, Gabi (2022), *Lagarta,* Barcelona, Geoplaneta.
— MATHIESSEN, Peter (2022), *El leopardo de las nieves,* Madrid, Siruela.
— MEHTA, Suketu (2021), *Esta tiera es nuestra tierra,* Barcelona, Random House.
— MORO, Simone (2015), *La voz del hielo,* Madrid, Desnivel.

— MORRIS, Jan (2015), *La coronación del Everest,* Madrid, Gallo Nero.
— MOURELO, Suso (2019), *La naturaleza del silencio,* Madrid, La línea del horizonte.
— MUIR, John (2018), *Escritos sobre naturaleza,* Madrid, Capitán Swing.
— O. WILSON, Edward (2021), *Biofilia. El amor a la naturaleza o aquello que nos hace humanos,* Madrid, Errata Naturae.
— O. WILSON, Edward (2017), *Medio planeta. La lucha por las tierras salvajes en la era de la sexta extinción,* Madrid, Errata Naturae.
— O'BRIEN, Dan (2016), *Los búfalos de Broken Heart,* Madrid, Errata Naturae.
— OLIVER, Mary (2021), *La escritura indómita,* Madrid, Errata Naturae.
— OSBORNE, Lawrence (2017), *El turista desnudo,* Madrid, Gatopardo.
— OSPINA, William (2017), *Parar en seco,* Barcelona, Navona.
— PESSOA, Fernando (2013), *Libro del desasosiego,* Barcelona, Acantilado.
— ROBERTS, Sophy (2021), *Los últimos pianos de Siberia,* Barcelona, Seix Barral.
— RUSKIN, John (2015), *Mañanas en Florencia,* Valencia, Pretextos.
— SAN SEBASTIÁN, Juanjo (2023), *Cuánto tiempo es mucho tiempo,* Madrid, Desnivel.
— SÁNCHEZ OSTIZ, Miguel (2021), *Chuquiago. Deriva de La Paz,* Madrid, La línea del horizonte.
— SCHWARZENBACH, Anne Marie (2023), *El valle feliz,* Madrid, La línea del horizonte.
— SCHWARZENBACH, Anne Marie (2023), *Muerte en Persia,* Barcelona, Minúscula.
— SNYDER, Gary (2016), *La práctica de lo salvaje,* Madrid, Varasek.
— SOLNIT, Rebeca (2020), *Una guía sobre el arte de perderse,* Madrid, Capitán Swing.

— SOLNIT, Rebeca (2015), *Wanderlust. Una historia del caminar,* Madrid, Capitán Swing.
— STEINBECK, John (2014), *Viajes con Charley,* Madrid, Nórdica.
— STEVENSON, Robert Louis (2013), *En los mares del sur,* Madrid, Valdemar.
— STEVENSON, Robert Louis (2014), *Viajar,* Madrid, Páginas de espuma.
— TALENS, Manuel (2008), *Cuba en el corazón,* Jaén, Alcalá.
— TERRAY, Lionel (2015), *Los conquistadores de lo inútil, Madrid,* Desnivel.
— THEROUX, Paul (2012), *El Tao del viajero,* Barcelona, Alfaguara.
— THEROUX, Paul (2015), *Último tren a la zona verde,* Barcelona, Alfaguara.
— THEROUX, Paul (2003), *El safari de la estrellanegra,* Barcelona, Ediciones B.
— THESIGER, Wilfred (2023), *Arenas de Arabia,* Madrid, Capitán Swing.
— THOREAU, Henry David (2017), *Todo lo bueno es libre y salvaje,* Madrid, Errata Naturae.
— THOREAU, Henry David (2015), *Cape Cod,* Tenerife, Baile del sol.
— VIRGILIO (2017), *Eneida,* Madrid, Alianza.

Este libro se terminó de imprimir en Madrid
en el mes de enero de 2025